U0917599

智库 中社
国家智库报告 2018（31）
National Think Tank
经 济

“一带一路”融资体系建设

刘东民 王永中 徐奇渊 李远芳 宋爽 著

CONSTRUCTION OF “THE BELT AND ROAD” FINANCING SYSTEM

中国社会科学出版社

图书在版编目（CIP）数据

"一带一路"融资体系建设/刘东民等著.—北京：中国社会科学出版社，2018.10

（国家智库报告）

ISBN 978-7-5203-2929-3

Ⅰ.①一… Ⅱ.①刘… Ⅲ.①"一带一路"—融资体系—研究
Ⅳ.①F125②F830

中国版本图书馆 CIP 数据核字（2018）第 172964 号

出 版 人　赵剑英
项目统筹　王　茵
责任编辑　喻　苗　王　衡
责任校对　朱妍洁
责任印制　李寡寡

出　　版　中国社会科学出版社
社　　址　北京鼓楼西大街甲 158 号
邮　　编　100720
网　　址　http://www.csspw.cn
发 行 部　010-84083685
门 市 部　010-84029450
经　　销　新华书店及其他书店

印刷装订　北京君升印刷有限公司
版　　次　2018 年 10 月第 1 版
印　　次　2018 年 10 月第 1 次印刷

开　　本　787×1092　1/16
印　　张　8
插　　页　2
字　　数　80 千字
定　　价　39.00 元

摘要："一带一路"投融资具有高度的多样性和复杂性，某些时候面临较大风险。本报告首先深入分析了"一带一路"的融资需求、融资现状及面临的挑战。通过回归分析，估算出2016—2030年，"一带一路"沿线国家仅交通基础设施一项的融资需求就达到2.9万亿美元。目前，"一带一路"融资主要以间接融资为主，直接融资比例较低，且沿线国家和国外金融机构的资金合作较少。与此同时，中方承担了大部分的资金。报告进一步分析了"一带一路"融资面临的四方面挑战。第一，沿线各国政府支持融资的意愿和能力不足。第二，在区域层面缺乏顶层设计和规划协调。第三，沿线国家国情差异巨大，部分国家投资风险较高。第四，沿线国家金融市场发展不充分，多数国家融资渠道较为单一，金融基础设施不完善，货币稳定存在风险，信用评价体系不健全。

报告提出了以下三个方面的政策建议。第一，通过政府间合作完善顶层设计。政府间合作可以有双边、多边和三方合作等多种模式。第二，以平台建设与机制创新打造良好投资环境。具体措施包括：建立"国际基础设施投资公司"，在亚洲基础设施投资银行旗下建立"亚洲金融公司"，建立新型"经济特区"。第三，以多元化融资工具调动全球金融资源。可以使用的融资工具包括五项：债券融资，特别需要重视项目债融资；资产证券化；银行贷款，积极推动银团贷款和人民币对外贷款；离岸人民币“一带一路”投资基金，促进离岸人民币的境外使用；担保融资。

通过上述的顶层设计、平台建设、机制创新和融资工具选择，中国的政府、金融机构和企业可以强化风险管理，以小量公共支出和开发性金融为引导，充分调动全球金融资源，建设多元化、国际化、市场化的“一带一路”投融资体系。

关键词：“一带一路”，融资，风险管理

Abstract: The investment and financing in "The Belt and Road" area are very diversified and complex, sometimes face great risks as well. This book firstly analyzes the financing demand, financing status and challenges of "The Belt and Road" in depth. Through regression analysis, it estimates that the financing need of transportation infrastructure along "The Belt and Road" line alone reached USD 2.9 trillion in 2016 - 2030. At present, "The Belt and Road" projects depend mainly on indirect financing with a low proportion of direct financing. China is taking most of funds in these projects, with less funds coming from governments along "The Belt and Road" and foreign financial institutions. The book further analyzes four challenges facing "The Belt and Road" financing. First, the governments along "The Belt and Road" lack the will and capacity to support financing. Second, there is a lack of top-layer design and planning coordination at the regional level. Third, countries along "The Belt and Road" differ greatly in national conditions, and some countries have higher investment risks. Fourth, the financial markets of countries along "The Belt and Road" are not fully developed, with the poor financial infrastructure and credit evaluation system, limited financial resources and unstable currency system.

The book makes three policy recommendations. First, we should improve the top-level design through intergovernmental cooperation. Intergovernmental cooperation can be conducted by different patterns, such as bilateral, multilateral or triangular cooperation. Second, we should build a favorable investment environment through platform construction and mechanism innovation. Specific measures include: to establish "international infrastructure investment companies"; to set up an "Asian financial company" under the AIIB; to create the new "special economic zones" . Third, we should mobilize global financial resources with diversified financing instruments. There are five financing instruments available: bond financing, and special attention should be paid to project bond financing; asset securitization; bank loans, actively promoting syndicated loans and renminbi loans; Offshore renminbi "The Belt and Road" investment fund to promote offshore renminbi use; financing assurance and guarantee instrument.

Through the above measures, the Chinese government, financial institutions and enterprises could strengthen risk management, and fully mobilize global financial resources to build diversified, international and market-oriented financing system for "The Belt and Road" initiative.

Key Words: "The Belt and Road", Financing, Risk Management

目　录

“一带一路”的投融资具有多样性和复杂性，某些时候面临较高风险，中国政府、企业和金融机构需要在强化风险管理的前提下，以小量公共支出和开发性金融为引导，与全球公共资金、准公共资金和商业资金开展全面深入的合作，建设多元化、市场化、国际化的“一带一路”融资体系。

一 “一带一路”融资现状及特点

（一）“一带一路”建设的融资需求测算

从“一带一路”整个区域来看，包括基础设施互联互通在内的建设资金需求巨大。本报告对其中最为重要的交通基础设施融资需求进行了测算。

很多研究机构都对未来15年的全球交通基础设施融资需求进行了测算，各机构的测算结果差异很大，从波士顿咨询公司的7万亿美元，到布鲁金斯学会的27.2万亿—31.4万亿美元，差异达到4倍左右。不过OECD（2012）、UNCTAD（2014）、WB（2013）的结果则更接近较小值的情形（见表1）。但即便按照测算的下限来看，全球基础设施项目融资的需求也非常巨大。

表 1　　对交通基础设施融资需求的测算（2015—2030 年）

（单位：2015 年美元价，万亿）

	交通基础设施	范围
布鲁金斯学会（2016）	27.2—31.4	全球
麦肯锡（2013）	25.8	全球
新气候经济研究所（2014）	14.8	全球
联合国贸发会议（2014）	5.3—11.7	全球
OECD（2012）	9.6	全球
UN Sustainable Development Solutions Network（2015）	9.5	全球
中国社会科学院世界经济与政治研究所（2017）	7.3*	全球
波士顿咨询公司（2010）	7.0	全球
世界银行（2013）	4.1	发展中国家
中国社会科学院世界经济与政治研究所（2017）	2.9	"一带一路"沿线国家

注：CASS（2017）的预测口径稍小，不含 2015 年，仅包括 2016—2030 年，而且交通基础设施只包括铁路、公路和航空，未包括内陆水运和海运基础设施（这方面数据严重缺失）。按照 OECD 的基础设施数据库可得的有限数据进行测算，后两者建设资金通常占比较小，在 10% 以下。

* 表示测算初值，可能还会向下有所修正。

本报告采用更加科学的方法，对"一带一路"的交通基础设施融资需求进行了测算，在测算的基准（benchmark）情形中：2016—2030 年，"一带一路"沿线国家的交通基础设施融资需求将达到 2.9 万亿美元（CASS，2017）。[①] 详细测算方法参见附录。

① 徐奇渊：《"一带一路"沿线国家交通基础设施融资需求测算》，中国社会科学院世界经济与政治研究所全球发展展望研究系列，2018 年 1 月 9 日，No. 18.001。

从空间角度来看测算结果，我们可以观察“一带一路”建设的6大国际经济合作走廊，其交通基础设施建设的融资需求分别为：中巴走廊250亿美元，中蒙俄走廊990亿美元，中国—中南半岛1640亿美元，孟中印缅经济走廊1950亿美元，新亚欧大陆桥7470亿美元，中国—中亚—西亚走廊7920亿美元。

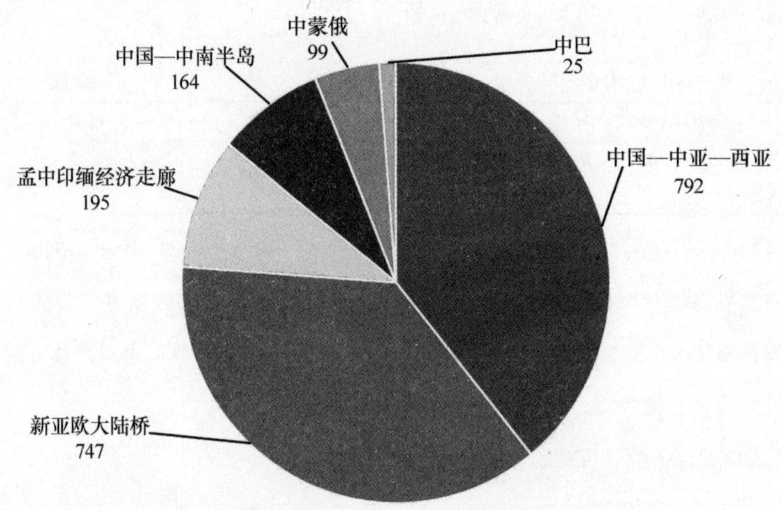

图1　六大走廊的交通基础设施融资需求：2016—2030年（2015年美元价，10亿）

注：融资需求中不包含中国。

资料来源：徐奇渊：《“一带一路”沿线国家交通基础设施融资需求测算》，中国社会科学院世界经济与政治研究所全球发展展望研究系列，2018年1月9日，No. 18. 001。

从分项基础设施来看，“一带一路”沿线国家的各项基础设施发展水平也并不均衡，海港、航空、公路、电力、固定电话等领域的基础设施发展水平都低于全球平均水平。尤其是海港、航空、公路的发展水平，都显著滞后于全球平均发展水平。这些领域都急需更多建设资金的投入。

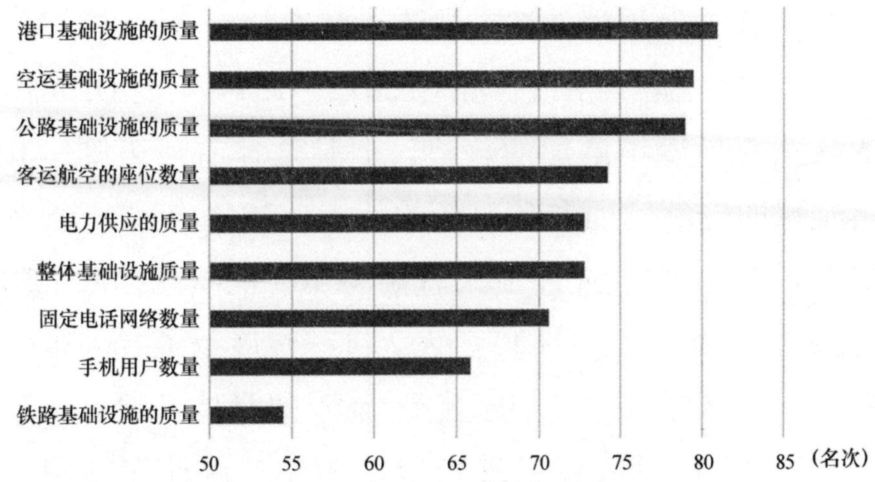

图2 "一带一路"沿线国家各项基础设施排名名次的平均值

注：样本国家共138个，第69名和第70名为全样本的中间排名名次。图中横轴为排名名次，纵轴为"一带一路"沿线国家整体的基础设施分类指标。柱体越长，意味着"一带一路"整体在某项领域的排名名次越靠后。

资料来源：WEF（2016—2017），作者整理。

（二）近3年"一带一路"沿线国家资金流入情况

本报告对2013—2015年[①]"一带一路"沿线国家

① 受到数据可得性的限制，有时只能给出2012—2014年的数据，如表1所示。

各渠道资金流入的状况，如接受政府开发援助（ODA）、私营金融资本流入、股权兼并重组和外商直接投资等，做了详细的梳理分析。

1. 官方发展援助资金的流入状况

“一带一路”沿线国家在2012—2014年的ODA净流入总额呈逐年增加的趋势，但是增速有所下降，其占全球的份额呈现先升后降的特点。2014年“一带一路”沿线国家ODA净流入总额为466亿欧元，占全球份额为28.9%（见图3）。表2进一步展示了“一带一路”沿线区域及主要国家接受ODA的具体情况。由于“一带一路”沿线以发展中国家为主，因此多数国家都不同程度地接受了来自其他国家或机构的官方援助。

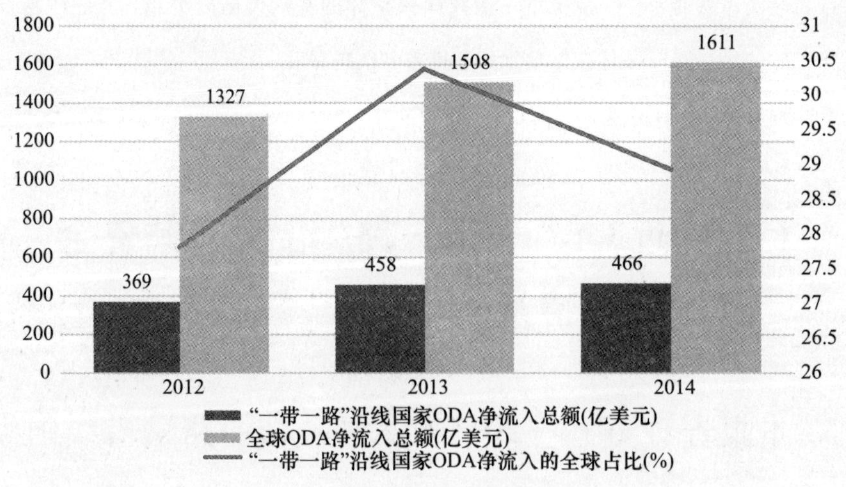

图3 “一带一路”沿线国家ODA净流入的总额及占全球的比重

各地区比较来看，东盟和西亚接受ODA的程度相对较低，两者的ODA/GNI（一国接受官方发展援助占其国民总收入的比值）一般低于2%；其次是东亚、中亚、独联体和中东欧，它们的ODA/GNI通常为2%—3%；南亚是接受ODA程度最高的地区，2014年ODA/GNI达到4.9%。

表2　"一带一路"沿线国家接受ODA的情况

区域	2012年		2013年		2014年	
	ODA净流入（亿美元）	ODA/GNI（%）	ODA净流入（亿美元）	ODA/GNI（%）	ODA净流入（亿美元）	ODA/GNI（%）
东盟	57.77	1.77	94.06	2.36	75.20	1.77
越南	41.14	2.75	40.83	2.49	42.18	2.38
缅甸	5.04	0.68	39.35	6.86	13.80	2.22
柬埔寨	8.07	6.06	8.05	5.53	7.99	5.05
老挝	4.09	4.67	4.21	3.99	4.72	4.24
西亚	106.16	1.35	167.22	1.66	173.05	1.95
埃及	18.07	0.67	55.08	1.98	35.32	1.20
叙利亚	16.72	—	36.38	—	41.98	—
土耳其	31.10	0.40	28.43	0.35	34.42	0.44
约旦	11.57	3.79	14.03	4.22	26.99	7.62
南亚	139.72	6.28	139.45	5.13	153.60	4.90
阿富汗	66.67	30.91	52.62	24.46	48.23	23.28
巴基斯坦	20.16	0.85	21.91	0.90	36.12	1.40
孟加拉国	21.48	1.49	26.29	1.62	24.18	1.31
印度	16.67	0.09	24.35	0.13	29.84	0.15
中亚	12.86	2.64	13.43	2.57	14.27	2.47

续表

区域	2012 年		2013 年		2014 年	
	ODA 净流入（亿美元）	ODA/GNI（%）	ODA 净流入（亿美元）	ODA/GNI（%）	ODA 净流入（亿美元）	ODA/GNI（%）
吉尔吉斯斯坦	4.72	7.33	5.36	7.61	6.24	8.62
塔吉克斯坦	3.93	5.18	3.89	4.61	3.56	3.12
乌兹别克斯坦	2.55	0.48	2.93	0.50	3.24	0.50
独联体	25.60	2.26	20.89	1.81	30.84	2.17
乌克兰	7.68	0.44	7.83	0.44	14.04	1.08
格鲁吉亚	6.60	4.21	6.47	4.09	5.63	3.44
摩尔多瓦	4.73	5.84	3.47	3.92	5.17	5.87
中东欧	22.64	2.60	18.87	2.24	15.96	2.10
塞尔维亚	10.89	2.77	7.80	1.79	3.71	0.87
波黑	5.71	3.29	5.22	2.84	6.32	3.39
阿尔巴尼亚	3.50	2.86	2.69	2.10	2.80	2.13
东亚（蒙古国）	4.44	3.91	4.27	3.60	3.15	2.80

注：①部分国家数据缺失，东盟缺少文莱和新加坡，西亚缺少巴林、以色列、科威特、阿曼、巴勒斯坦、卡塔尔、沙特阿拉伯和阿拉伯联合酋长国，独联体缺少俄罗斯，中东欧则仅有阿尔巴尼亚、波黑、马其顿、黑山和塞尔维亚的数据。

②ODA/GNI 由区域内所含国家的数值进行简单估算平均得到。GNI 为国民总收入。

资料来源：世界银行。

第一阵营的东盟和西亚都是“一带一路”沿线比较富裕的地区，因此接受 ODA 的程度相对较低。不过，在每个区域内部，各个国家接受 ODA 的程度存在着明显的差异。就东盟而言，5 大创始成员国①经济起

① 东盟的 5 个创始成员国是新加坡、泰国、马来西亚、菲律宾和印度尼西亚，后加入的 5 个成员国为文莱、越南、老挝、缅甸和柬埔寨。

步早、发展水平良好，近3年的ODA年均净流入金额均不超过1亿美元，ODA/GNI还不到0.1%。然而，其他5国的经济发展水平则相对落后，对ODA的需求更加可观。其中，越南虽然近年来经济发展势头良好，但是并没有减少对ODA的巨大需求，每年ODA净流入的金额均超过40亿美元，处于区域内最高水平；缅甸、柬埔寨和老挝接受ODA的金额虽然不及越南，不过ODA占GNI的比重却在区域内名列前茅，年均比值分别达到3.3%、5.6%和4.3%。

就西亚而言，区域内的国家按经济特点可大体划分为两类，即石油输出国和非石油输出国，两者的经济发展水平和ODA需求程度差别巨大。石油输出国主要包括沙特阿拉伯、阿拉伯联合酋长国、卡塔尔、巴林、科威特、伊拉克、伊朗和阿曼8国，它们依靠石油出口赚取了大量的外汇，因此对ODA的需求小，ODA/GNI一般不超过1%。在非石油输出国中，埃及、土耳其和约旦的经济发展比较稳定，ODA的净流入金额也平稳地保持在10亿—50亿美元，在区域内处于较高水平。其中，经济体量较大的土耳其和埃及的ODA/GNI分别保持在0.5%和2%以下，而经济规模较小的约旦的ODA/GNI则通常在5%左右。此外，连年内战的叙利亚也是区域内获得ODA的主力，从2012年的17亿美元迅速增至2014年的42亿美元，年均增长率高达58.5%。

第二阵营中的东亚、中亚、独联体和中东欧以转型国家为主，近年来经济运行平稳，ODA净流入规模也比较稳定。东亚主要是指蒙古国，其接受的ODA呈逐年下降的趋势，到2014年ODA/GNI已降至2.8%。在中亚地区，国际ODA主要流向吉尔吉斯斯坦、塔吉克斯坦和乌兹别克斯坦3国，2012—2014年的ODA年均净流入金额分别为5.4亿、3.8亿和2.9亿美元。其中，吉尔吉斯斯坦的ODA净流入金额仍在逐年增加，2014年ODA/GNI也已上升至8.6%；塔吉克斯坦的ODA则呈下降趋势，ODA/GNI已降至3.1%；区域内其他国家的ODA/GNI均不到0.5%。在独联体地区，乌克兰、格鲁吉亚和摩尔多瓦是接受ODA的主要国家，年均ODA净流入金额分别为9.8亿、6.2亿和4.5亿美元。其中，格鲁吉亚和摩尔多瓦的ODA/GNI最高，分别达到4%和5%左右；乌克兰因战争在2014年获得了14亿美元的ODA，较上年几乎翻了1倍，不过ODA/GNI仍然仅为1.1%。白俄罗斯是该区域内接受ODA水平最低的国家，年均ODA净流入金额在1亿美元左右，ODA/GNI仅为0.16%。中东欧地区的ODA数据严重缺失，仅可得阿尔巴尼亚、波黑、马其顿、黑山和塞尔维亚的数据。这5个国家接受ODA的程度相差均不大，年度ODA净流入金额一般不超过10

亿美元，ODA/GNI 通常为 2%—3%。其中，塞尔维亚表现抢眼，ODA 净流入金额在 2012 年到 2014 年以年均 60% 的速度下降，到 2014 年 ODA/GNI 仅为 0.87%，已降至 5 国最低。

南亚成为“一带一路”沿线接受 ODA 程度最高的区域。该区域在接受 ODA 方面脱颖而出，主要源于阿富汗接受的巨额 ODA 及其占 GNI 超乎寻常的高比例。从 2012 年到 2014 年，阿富汗的 ODA 净流入金额从 66.7 亿美元下降至 48.2 亿美元，却仍然是世界上接受 ODA 最多的国家；直到 2014 年，其 ODA/GNI 仍然高达 23.3%。此外，孟加拉国、巴基斯坦和印度也是接受 ODA 的大国，每年 ODA 净流入金额均超过 10 亿美元，而且还在逐年增加。不过，由于这些国家的经济规模较大，ODA/GNI 的数值并不高。相比之下，倒是不丹、尼泊尔等小国接受的 ODA 占 GNI 的比重较高，分别在 8% 和 4% 左右。

2. 私营金融资本[①]的净流入状况

“一带一路”沿线国家近年来的私营金融资本净流入总额呈下降趋势。2015 年其私营金融资本净流入规

① 私营金融资本的流入包括股票投资、债券投资和银行贷款 3 类。其中，股票投资是指证券投资，即投资额低于公司股权的 10%。高于或者等于 10% 的股权投资属于下文所述的股权并购投资和外商直接投资。

模仅为 244 亿美元，占全球份额的 3%，大大低于 2013 年 18.5% 的占比。一方面，这是由于区域内部分国家发生了大额撤资的情况；另一方面，也是因为全球私营金融资本净流入金额在 2015 年出现了大幅的下降①（见图 4）。进一步考查 2015 年各类金融资本净流入的情况，"一带一路"沿线国家股票投资和债券投资的净流入金额分别为 2 亿和 305 亿美元，商业信贷则体现为 63 亿美元的撤资。从各类金融资本净流入规模在全球的占比来看，仅债券投资净流入一项能够在全球占有一席之地，比重为 26.9%；其余均微不足道（见图 5）。

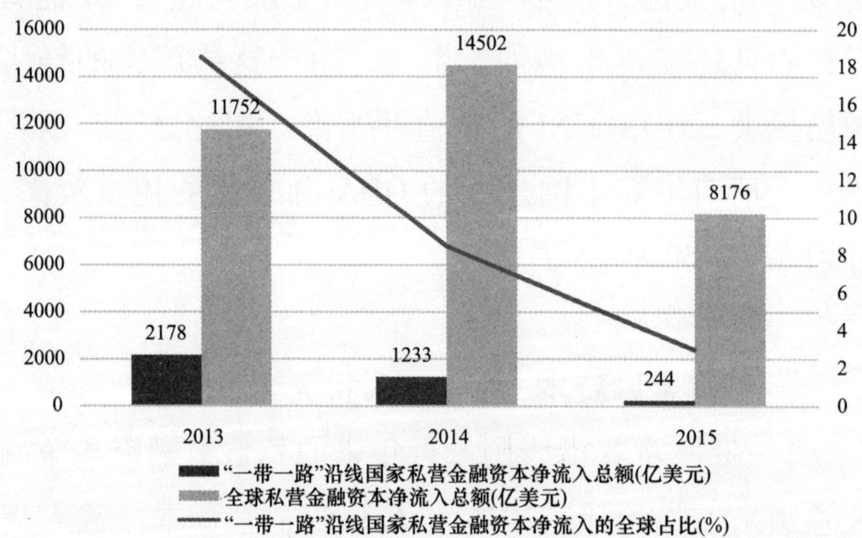

图 4 "一带一路"沿线国家和全球私营金融资本净流入的总体情况

① 2015 年较 2014 年大约缺失 10 个国家的数据。

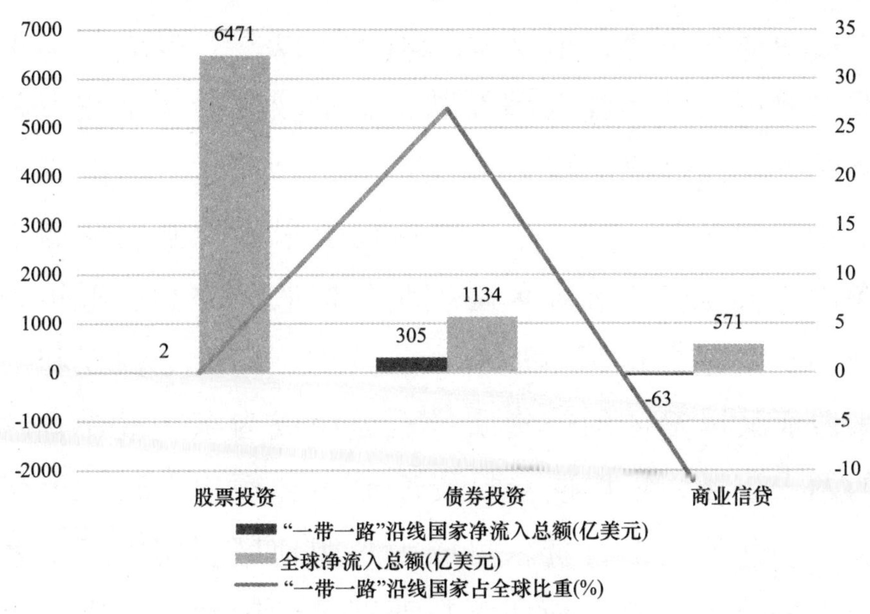

图5　2015 年“一带一路”沿线国家及全球的股票、债券、信贷资本净流入情况

表3展示了国际私营金融资本净流入“一带一路”沿线区域以及区域内主要国家的情况，包括股票投资、债券投资和银行贷款。可以看到，各区域之间存在着较大的差异。东盟地区近年的国际金融资本流动比较活跃，其中股票投资总体上以撤资为主，而债券投资和银行信贷成为国际资本流入的主要方式。从股票投资来看，虽然东盟在全球金融危机后吸引了不少国际资本的进入，但是2013 年以来区域经济增长逐渐放缓，股市的下挫幅度高于全球市场，加上美联储开始削减量化宽松力度，导致国际投资者纷纷将资金撤出。根据彭博的数据，仅2013 年8 月投资者就从泰国、印

度尼西亚和菲律宾市场撤走 22 亿美元。[①] 2015 年，东盟主要市场继续在亚洲领跌，新加坡交易所指数下跌 15%，泰国指数下跌 14% 紧随其后，印度尼西亚雅加达指数则下跌 12%。[②] 从债券投资来看，亚洲债券市场由于安全性强、经风险调整后的收益率高，近年来吸引了大量全球资本的流入。其中，印度尼西亚和马来西亚又以整体的信贷质量稳健而成为东盟最受青睐的两大市场，年均债券投资净流入金额均超过 1 万亿美元。此外，银行贷款也成为东盟地区利用国际金融资本的重要方式，而印度尼西亚、泰国和越南则成为国际商业银行最为青睐的 3 个国家。

表 3　“一带一路”沿线区域私营金融资本净流入情况

（单位：亿美元）

区域	2013 年			2014 年			2015 年		
	股票投资	债券投资	银行信贷	股票投资	债券投资	银行信贷	股票投资	债券投资	银行信贷
东盟	-113.5	263.4	181.5	-18.4	304.7	387.8	-141.6	263.5	174.3
新加坡	-74.5	—	—	-7.4	—	—	-30.3	—	—
泰国	-32.9	-5.1	86.2	-58.1	36.5	—	-89.7	-19.6	50.0
印度尼西亚	-18.6	107.3	88.4	32.6	183.1	158.4	-15.5	86.7	56.4

① 《新加坡 8 月股市跌幅居发达市场首位》，《联合早报》2013 年 9 月 3 日，http：//www.zaobao.com/finance/invest/story20130903-248436。

② 《亚洲市场新加坡股市最糟》，《扬子晚报》2016 年 1 月 1 日，http：//news.163.com/16/0101/12/BC8A33T800014AED.html。

续表

区域	2013年			2014年			2015年		
	股票投资	债券投资	银行信贷	股票投资	债券投资	银行信贷	股票投资	债券投资	银行信贷
马来西亚	—	118.9	-17.8	—	71.2	56.1	—	145.0	-9.8
菲律宾	-0.3	32.8	-1.7	12.0	16.8	115.9	-7.4	46.3	18.9
越南	12.7	8.0	19.3	2.5	-6.9	52.3	1.3	-0.2	52.8
西亚	66.7	200.5	160.5	28.9	115.2	181.7	36.6	47.7	219.6
土耳其	8.4	127.8	161.7	25.6	134.0	182.3	-24.0	29.4	215.9
以色列	27.1	—	—	36.0	—	—	45.2	—	—
约旦	1.6	23.9	2.8	-0.3	9.9	2.5	0.1	12.4	1.8
南亚	204.9	-6.0	432.0	136.7	343.5	193.7	22.8	127.3	195.9
印度	198.9	-17.2	418.2	123.7	274.4	197.4	19.3	107.1	168.1
斯里兰卡	2.3	13.5	13.9	1.8	39.1	-8.8	-0.6	15.3	3.1
巴基斯坦	1.1	-2.4	—	7.7	30.0	3.7	5.2	5.0	25.1
中亚	0.6	71.0	13.1	-1.3	61.0	14.6	0.1	-30.0	5.4
哈萨克斯坦	0.7	71.0	—	-1.4	61.0	—	0.1	-30.0	—
乌兹别克斯坦	—	—	13.1	—	—	14.6	—	—	5.4
独联体	-64.0	180.3	468.4	-131.2	-227.1	-356.0	-53.2	-126.8	-614.4
俄罗斯	-76.3	70.5	435.7	-129.7	-231.0	-351.8	-55.4	-91.5	-600.2
乌克兰	11.8	103.5	10.3	-3.9	-13.5	-4.7	1.8	-28.1	-41.9
阿塞拜疆	0.3	—	-4.3	0.1	17.5	-5.7	0.2	0.0	22.7
中东欧	79.5	72.5	-33.6	162.9	95.2	-58.7	137.2	23.3	-43.9
希腊	31.3	—	—	112.7	—	—	70.0	—	—
波兰	26.5	—	—	31.5	—	—	41.2	—	—
塞浦路斯	7.6	—	—	13.3	—	—	11.1	—	—
罗马尼亚	10.5	43.2	-35.0	5.3	55.6	-23.2	3.6	5.2	-33.6
塞尔维亚	-0.4	31.4	-8.8	-0.2	12.4	-26.4	-0.9	1.6	-5.7
东亚（蒙古国）	0.0	—	—	0.0	—	—	0.0	—	—

注：部分国家数据缺失，中亚和中东欧缺失严重。

资料来源：世界银行。

相比之下，西亚和南亚则获得了比较稳定的国际金融资本。在西亚地区，由于股市的发展相对落后，所以国际资本更多通过债券市场和银行贷款的方式流入。股票市场上以色列独占鳌头，2013—2015 年共吸引 108 亿美元的股票投资，占区域总额的 80% 以上。这主要是因为以色列股市开放程度高，并且在发达国家中经济表现突出。在债券市场和银行贷款方面，土耳其则凭借 3 年获得 291 亿美元的债券投资和 560 亿美元的银行贷款脱颖而出。作为世界主要的新兴经济体之一，土耳其在全球金融危机后经济发展稳健，因此获得了国际债务资本的青睐。不过，2016 年 7 月土耳其发生政变后，穆迪等评级机构已经将其主权信用评级下调至垃圾级，将对未来其吸引债券投资和银行贷款产生不利影响。在南亚地区，国际金融资本绝大部分流向了印度，其从 2013 年到 2015 年获得的股票投资、债券投资和银行贷款分别高达 342 亿、364 亿和 784 亿美元。印度近年来经济增长率领跑全球，2015 年已成为世界第七大经济体，加上国内金融市场开放的时间早、程度高，因此从各个渠道均吸引了大量国际金融资本的进入。另外，斯里兰卡也是该区域内重要的债券发行国，3 年内共获得债券投资 67. 9 亿美元。

独联体的特点在于其近年来遇到了国际金融资本从各个渠道的大幅撤资的情况，而俄罗斯无疑是大规模撤资的重灾区。作为金砖四国的俄罗斯在2013年还吸收了71亿和436亿美元的债券投资和银行贷款，不过自从其介入乌克兰内战以后就难逃撤资命运。2014年，从俄罗斯撤走的股票资本、债券投资分别高达130亿和231亿美元，撤出的银行贷款更是高达352亿美元；2015年，仅银行贷款的撤出金额就超过600亿美元。同时，乌克兰由于近年的战乱也没能免于撤资命运，3年内从其股市、债市和贷款市场撤走的资金分别为1亿、42亿和47亿美元。相比之下，阿塞拜疆成为区域内还能够吸引一定国际金融资本流入的国家，在2014年获得了17.5亿美元的债券投资，2015年获得了22.7亿美元的银行贷款。

中亚、中东欧和东亚的数据缺失比较严重。在中亚地区，现有数据显示债券投资主要流向哈萨克斯坦，其在2013年和2014年分别获得71亿和61亿美元的债券投资，但在2015年出现了30亿美元的撤资；银行贷款主要流向乌兹别克斯坦，3年累计获得贷款33亿美元。中东欧地区由于金融市场开放程度较高，因此国际资本流动比较频繁。从股票投资来看，希腊、波兰和塞浦路斯是获得国际资本最多的国家。希腊虽然深受债务危机困扰，但是股市却在2013年和2014年一直呈上涨趋势，使其仅在2014年就获得了113亿美元的国际股票投资；波兰股市因估值较低也吸引了大量的国际资本，年均流入投资额约为33亿美元；作为国际金融中心的塞浦路斯也在近3年获得了年均10亿美元以上的股票投资。在债券投资方面，罗马尼亚和塞尔维亚是主要的资本流入国，在2013年分别获得43亿和31亿美元投资；不过两者在2015年获得的债券投资迅速下降到10亿美元以下，被保加利亚后来居上。该区域的银行贷款近年呈撤资趋势，主要发生在罗马尼亚和塞尔维亚，两国在3年内分别遭遇了92亿和41亿美元的撤资。东亚地区的蒙古国金融市场落后，鲜有国际股票投资进入，债券投资和银行贷款的数据则不可得。

3. 股权兼并重组资金的流入状况

总体来看，"一带一路"沿线并不是全球跨国并购的重点区域。虽然沿线国家近3年发生跨国并购的总金额在逐年增加，其占全球的比重也有所上升，但是整个区域在2016年仅发生跨国并购交易1519亿美元，全球占比仅为10.9%（见图6）。表4详细展示了"一带一路"沿线区域及其主要国家发生跨国并购的情况。从区域分布来看，东盟是跨国并购比较活跃的地区，年均跨国并购的金额超过300亿美元，跨国并购的数量也保持在每年500笔以上；其次是西亚、南亚和中东欧，年均跨国并购交易的金额在200亿美元左右，每年的交易数量都超过200笔；之后依次为独联体、中亚和东亚。

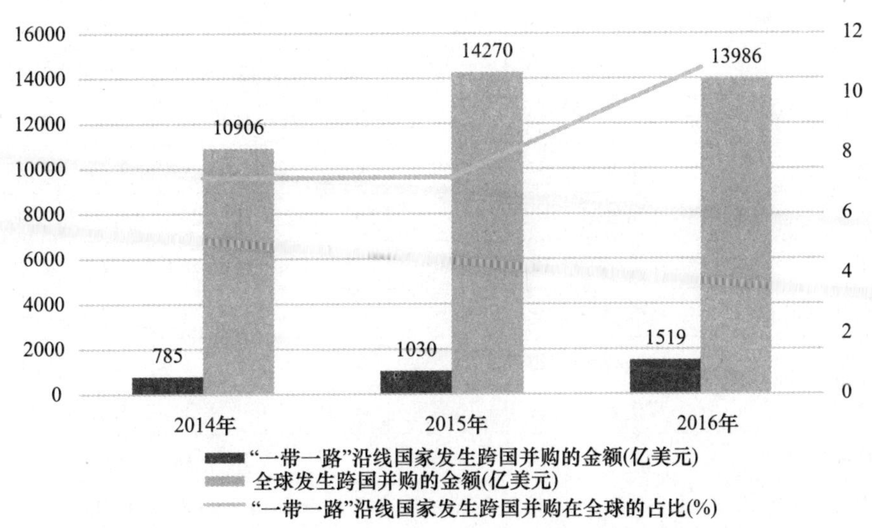

图6 “一带一路”沿线国家发生跨国并购的总金额及其在全球的占比

表4 “一带一路”沿线国家接受国际股权兼并重组的情况

区域	2014年		2015年		2016年		3年占全球比重	
	金额（亿美元）	数量（个）	金额（亿美元）	数量（个）	金额（亿美元）	数量（个）	金额（%）	数量（%）
东盟	242.04	592	333.09	534	332.50	590	2.32	6.09
新加坡	102.66	163	184.77	160	158.43	166	1.14	1.74
马来西亚	45.35	111	63.96	90	41.89	114	0.39	1.12
印度尼西亚	37.65	111	23.73	114	33.85	103	0.24	1.16
越南	8.38	52	30.51	61	51.68	83	0.23	0.70
泰国	17.53	68	13.24	54	25.64	62	0.14	0.65
菲律宾	17.41	32	2.20	27	10.75	24	0.08	0.29
西亚	129.62	237	226.90	273	338.74	228	1.78	2.62

续表

区域	2014 年		2015 年		2016 年		3 年占全球比重	
	金额（亿美元）	数量（个）	金额（亿美元）	数量（个）	金额（亿美元）	数量（个）	金额（%）	数量（%）
以色列	51.31	72	37.79	89	159.42	93	0.63	0.90
土耳其	49.74	69	93.09	76	21.16	41	0.42	0.66
阿联酋	10.14	34	46.92	33	92.01	33	0.38	0.35
南亚	168.10	285	178.15	292	371.22	255	1.83	2.95
印度	162.80	253	161.59	272	330.04	234	1.67	2.69
巴基斯坦	3.44	9	2.59	13	31.25	9	0.10	0.11
斯里兰卡	1.27	17	0.26	5	4.83	9	0.02	0.11
中亚	20.52	29	16.45	16	13.09	24	0.13	0.24
哈萨克斯坦	16.49	18	16.39	11	12.53	18	0.12	0.17
吉尔吉斯斯坦	4.03	8	0.06	2	0.16	3	0.01	0.05
乌兹别克斯坦	0.00	2	0.00	2	0.01	2	0.00	0.02
独联体	80.43	133	82.48	117	191.54	109	0.91	1.27
俄罗斯	34.96	100	74.88	75	185.54	70	0.75	0.87
乌克兰	3.03	14	5.64	32	4.83	25	0.03	0.25
白俄罗斯	0.58	8	0.00	1	0.03	4	0.00	0.05
中东欧	143.58	380	171.16	427	271.88	422	1.50	4.36
波兰	37.51	95	72.32	125	52.47	99	0.41	1.13
捷克	38.20	71	30.26	53	133.14	67	0.51	0.68
罗马尼亚	4.52	35	2.01	33	15.85	55	0.06	0.44
东亚（蒙古国）	0.98	8	21.35	10	0.02	2	0.06	0.07

注：①“占全球比重”为各区域 3 年获跨国并购的总金额和总数量占全球的比重。

②文莱、伊朗、卡塔尔、叙利亚、马尔代夫、尼泊尔、摩尔多瓦和拉脱维亚个别年度的数据缺失；巴勒斯坦、阿富汗、不丹和土库曼斯坦 3 年的数据缺失。

资料来源：Dealogic 数据库。

在东盟内部，跨国并购主要发生在新加坡、马来西亚和印度尼西亚。新加坡由于金融市场发达、企业国际化程度高，因此一直是跨国并购比较活跃的国家。2014—2016 年，新加坡每年都会发生超过 160 笔跨国并购交易，年度交易金额始终保持在 100 亿美元以上。从金额来看，能源与电力领域和房地产行业占据着较高的份额。马来西亚和印度尼西亚一般每年也会发生约 100 笔跨国并购交易，年均交易金额分别在 50 亿和 30 亿美元左右。此外，越南、泰国和菲律宾等产业发展较好的国家也吸引了相当数量的跨国公司前来开展并购活动。

仅次于东盟地区，西亚、南亚和中东欧地区发生跨国并购的金额和数量都比较接近。在西亚内部，以色列、土耳其和阿联酋位列前 3 名。以色列无疑是该区域内科技最先进、经济最发达的国家，而且创新型企业和创投资本非常活跃；因此这一仅有 850 万人口的小国在 2014—2016 年共发生了 254 笔跨国并购交易，涉及交易金额高达 249 亿美元，排名区域内第一。土耳其由于经济发展稳健且地理位置优越，也吸引了不少跨国公司前来开展并购活动；3 年间共发生跨国并购交易 186 笔，总交易金额高达 164 亿美元，主要集中在服务、金融、娱乐和媒体行业。阿联酋因经济富裕、投资环境优越，也在近 3 年发生了 100 笔跨国并购交易，总金额为149亿美元。南亚地区则是印度一枝独秀，发生并购交易的数量和金额在区域中的占比均超过90%。由于莫迪政府积极推行改革新政、加大吸引外资的力度，跨国公司进入印度开展并购重组活动的热情高涨，3年共发生了759笔跨国并购，涉及交易金额654亿美元。其中，电信、医疗卫生、能源以及物流等行业都是跨国并购交易比较活跃的领域。在中东欧地区，跨国并购交易则主要发生在波兰和捷克。波兰是中东欧地区人口、面积、经济总量最大的国家和欧盟重要的成员国，具有良好的工业基础和商业环境，因此成为区域内发生跨国并购交易数量最多的国家。近3年来，波兰共发生319笔跨国并购交易，涉及金额162亿美元。捷克位于欧洲中心地带，投资的软环境良好，而且很多资产价格正处于相对较低的阶段，[①] 因此也获得了国际投资者的青睐，3年间发生跨国并购交易的数量和金额分别为191笔和202亿美元。

此外，独联体80%以上的跨国并购都发生在俄罗斯。从金额来看，俄罗斯发生的跨国并购在近3年高速增长，从2014年的35亿美元增至2016年的186亿美元，年均增幅高达130%。但在数量方面则呈现下降趋势，从2014年的100笔降至2016年的70笔。上述

① 《中国华信在捷克发起连续收购》，《第一财经》2015年11月12日，http://www.yicai.com/news/4710834.html。

趋势表明，外国企业在俄罗斯的跨国并购交易正在朝大型化发展。在中亚地区，哈萨克斯坦发生的跨国并购交易最为可观。近期每年都会有10笔以上的跨国并购交易发生，年度交易金额保持在10亿美元以上。至于东亚的蒙古国，除了在2015年发生了10笔跨国并购交易，金额超过20亿美元，其他年份则乏善可陈。

4. 外商直接投资资金的流入状况

近3年来，"一带一路"沿线国家FDI净流入情况存在较大的差异。总体来看，流入量较为稳定，集中于劳动力成本较低和资源蕴藏丰富的地区，其中东盟是全球FDI资本最主要的流入地，占"一带一路"沿线地区FDI总量的40.7%（见表5），西亚、独联体、南亚地区的FDI流入量也都超过了1000亿美元。

表5　2013—2015年"一带一路"沿线国家FDI净流入的区域分布

（单位：亿美元）

	东盟	西亚	独联体	南亚	中东欧	中亚	东亚（蒙古国）	FDI总量
2013年	1286.4	651.0	643.8	325.8	132.6	154.1	21.4	3215.0
2014年	1247.4	565.9	383.2	393.4	422.0	137.1	3.8	3152.9
2015年	1256.9	627.4	202.2	484.3	279.3	99.8	2.0	2951.8
合计	3790.7	1844.3	1229.2	1203.5	833.8	391.0	27.2	9319.8

注：不含叙利亚和巴勒斯坦。

资料来源：UNCTAD数据库，WDI。

东盟是近年来“一带一路”沿线FDI流量最多的地区，其中过半的投资集中于新加坡（见表6）。新加坡是东盟的交通枢纽和经济金融中心，贸易和投资开放度非常高，是著名的避税天堂，吸引了大量的服务业投资。其他东盟国家如印度尼西亚、马来西亚、泰国、越南和菲律宾，劳动力成本较低，资源储量丰富，但是电力和其他基础设施建设较薄弱，因此也吸引了大量的制造业、采矿业、电力和建筑企业前往投资。

西亚的直接投资流入仅次于东盟，分布较为平均，主要集中于能源储量丰富的国家，如阿联酋、沙特、埃及、伊拉克等。近3年来，西亚地区引进FDI最多的国家是土耳其，当地汽车制造业较为发达，而且蕴藏丰富的清洁能源和矿产能源，吸引了大量企业进入。

独联体的FDI流量排在第三，其中75%都流向了俄罗斯。俄罗斯的制造业市场十分广阔，投资以汽车制造、其他工业机械和化工业为主，仅次于制造业的是食品烟草行业和房地产业。从FDI流入趋势来看，独联体是下降最快的，每年都减少了近一半。

和独联体类似，近3年南亚的FDI流入中，印度占近9成。印度处于高速增长期，制造业需求旺盛，劳动力成本低，还蕴藏丰富的能源矿产，外商投资主要集中于金属、能源、通信、汽车制造和电子产品业。

中东欧的国家数量最多，地区发达程度最高，FDI

流量仅排第五，投资主要集中于波兰、匈牙利、捷克和罗马尼亚等国，投资总量都不大，以技术寻求型和市场寻求型投资为主。

近3年中亚地区的FDI投资最少。中亚地区储藏有丰富的金属和能源矿产，FDI投资主要集中于此，投资主要集中于哈萨克斯坦和土库曼斯坦。

表6　2013—2015年FDI净流入总额超过百亿美元的"一带一路"沿线国家　（单位：百亿美元）

东盟	FDI净流入总额	西亚	FDI净流入总额	中东欧	FDI净流入总额	独联体	FDI净流入总额	中亚	FDI净流入总额	南亚	FDI净流入总额
新加坡	20.0	土耳其	4.1	波兰	3.4	俄罗斯	9.2	哈萨克斯坦	2.3	印度	10.7
印度尼西亚	5.6	阿联酋	3.1	匈牙利	1.2	阿塞拜疆	1.1	土库曼斯坦	1.2		
马来西亚	3.4	以色列	3.1	捷克	1.0						
泰国	3.1	沙特	2.5	罗马尼亚	1.0						
越南	3.0	埃及	1.6								
菲律宾	1.4	伊拉克	1.3								

资料来源：UNCTAD数据库，WDI。

（三）中国对"一带一路"融资的支持情况及特点

目前，国内支持"一带一路"的主要资金渠道包括财政资金、政策性金融机构、开发性金融机构和主要商业金融机构等，不同程度上为“一带一路”建设提供了资金支持。金砖新开发银行和亚洲基础设施投资银行相继成立，以丝路基金（资本金400亿美元）和国家开发银行（外汇储备增资480亿美元）及中国进出口银行（外汇储备增资450亿美元）为代表的中国对外开发性金融合作启动，中国的商业金融业务合作也随之跟进。据统计，截至2015年6月末，共有11家中资银行在“一带一路”沿线23个国家设立了55家一级分支机构，并开始启动“一带一路”沿线合作的投融资建设；同期的64个“一带一路”国家中，共有21个国家的55家商业银行在华设立了7家子行、17家分行以及41家代表处。另据Dealogic的项目融资数据，截至2016年年底，中国7家主要国有银行和政策性银行（工商银行、农业银行、中国银行、建设银行、交通银行、国家开发银行、中国进出口银行）向“一带一路”沿线国家发放的能源行业贷款规模达1373.2亿美元，占其发放的境外能源贷款总额的比例达48.7%。下面从银行贷款、投资基金、债券市场、直接投资和工程承包的视角，分析梳理中国对“一带一路”沿线国家融资支持的现状和特征。

1. **银行贷款**

（1）政策性银行和国有商业银行主导

政策性银行和国有商业银行是中国在“一带一路”沿线大型项目的主要融资方。据各银行2016年年报，以中国银行、工商银行、建设银行和农业银行为代表的国有商业银行和以国家开发银行（简称“国开行”）和中国进出口银行为代表的政策性银行当年在“一带一路”沿线国家共计投放贷款近1000亿美元。其中，中国银行、工商银行在沿线国家的授信金额分别达307亿美元、235亿美元。同时，上述银行还各自建立了“一带一路”项目储备库。截至2016年年底，国开行已在沿线国家储备外汇项目500余个，中国银行的重点跟进项目约420个，工商银行和建设银行也分别储备了超过200个重大投资项目。

比较而言，政策性银行在“一带一路”项目融资中起到更为重要的引领示范作用。作为中国式开发性金融的践行者，政策性银行连接政府与市场、整合各方资源，以市场化的运作方式在广大发展中国家提供中长期信用支持。[①] 截至2016年年底，国开行已在

---

① 周小川：《共商共建“一带一路”投融资合作体系》，《中国金融》2017年第9期。

“一带一路”沿线国家累计发放贷款1600多亿美元，余额超过1100亿美元；[①] 进出口银行在沿线国家项目的累计签约金额也超过1000亿美元，发放贷款约800亿美元。[②] 作为“一带一路”国际合作高峰论坛的重要成果，国开行将设立“一带一路”基础设施专项贷款、产能合作专项贷款和金融合作专项贷款，资金规模共计2500亿元；进出口银行也确定了1000亿元的“一带一路”专项贷款额度和300亿元的基础设施专项贷款额度。

（2）集中于距离相近和资源丰富的区域

中国对“一带一路”沿线国家贷款支持的区域集中度很高。我们从Dealogic数据库中整理了中国主要银行在“一带一路”沿线开展项目贷款和银团贷款的数据，并系统梳理了这些贷款的区域分布情况（见表7）。可以看到，无论是项目贷款还是银团贷款，都主要集中在以下两类区域。

其一，邻近中国的地区，包括地理距离，也涵盖文化和经济距离。东盟与中国在地理上相邻，而且文化相似度高、经贸往来紧密，因此其获得的项目贷款和银团贷款的数量在中国向“一带一路”沿线国家提

① 胡怀邦：《开发性金融与“一带一路”建设》，《中国金融》2017年第9期。

② 胡晓炼：《政策性金融服务“一带一路”的优势》，《中国金融》2017年第9期。

供贷款的占比中分别达到70%和近50%，而在项目贷款总投资金额和银团贷款总金额中的比重也分别超过40%和35%。接下来是南亚、西亚和中亚，它们与中国的距离和联系较东盟还存在明显差距，所以获得的贷款数量远落后于东盟。但是，从金额来看，这三个区域与东盟的差距并没有那么明显，说明我国银行在这些地区参与的项目普遍规模较大。此外，位于"一带一路"沿线远端的独联体和中东欧获得的贷款支持更少，除俄罗斯以外，我国银行在这两个区域内其他国家开展的贷款活动非常有限。

其二，资源和能源丰富的区域（国家）。"一带一路"沿线不乏资源和能源储量丰富的地区（国家），由于对资源和能源开发利用的巨大资金需求，这些国家成为我国银行对外提供贷款支持的重点。在东盟，我国银行提供项目贷款和银团贷款数量的40%以上都属于资源和能源类项目，其中，油气和矿业资源丰富的印度尼西亚、大力发展清洁能源的泰国以及能源企业众多的新加坡都获得了我国银行的大量贷款支持。在其他区域，我国银行参与的贷款项目也都集中在少数几个资源和能源大国，如西亚的卡塔尔、中亚的哈萨克斯坦和独联体的俄罗斯等。

表7 中国主要银行为“一带一路”沿线国家提供贷款的区域分布

区域	项目贷款		银团贷款	
	数量（个）	总额（亿美元）	数量（个）	总额（亿美元）
东盟	132	781.54	83	457.29
南亚	22	181.08	26	144.23
西亚	16	277.80	19	301.04
中亚	10	398.51	8	220.99
独联体	4	211.89	15	154.88
中东欧	4	42.60	17	40.34
东亚	1	0.89	2	3.39
合计	189	1894.32	170	1322.14

注：（1）项目贷款包括四大国有商业银行和两大政策性银行1994—2016年提供的大型项目（1000万美元及以上）贷款。（2）银团贷款包括中国工商银行、国家开发银行和中国进出口银行1995—2016年参与提供的银团贷款（仅含非金融行业的银团贷款）。

资料来源：Dealogic数据库。

（3）集中于资源能源和基础设施行业

从行业构成来看，资源能源和基础设施是我国银行在“一带一路”沿线国家提供项目贷款的主要领域。贷款项目大量分布于资源能源行业，已成为我国银行在境外开展贷款活动的重要特征。① 如表8所示，以油

① Wu, F., Wei, K. D. (2014), From Financial Assets to Financial Statecraft: The Case of China and Emerging Economies of Africa and Latin America, *Journal of Contemporary China*, 23: 89, 781－803; Gallagher, K. P., Kamal, R., Wang, Y. (2016), Fueling Growth and Financing Risk: The Benefits and Risks of China's Development Finance in the Global Energy Sector, GEGI Working Paper, 002·05/2016.

气、电力、矿业和清洁能源矿业为代表的资源能源行业的贷款占我国在“一带一路”沿线国家发放的项目贷款总额的49%，项目的总投资占比更是达到53%。类似地，能源资源类项目在银团贷款中也占有高份额，数量和金额份额分别达41%和46%。同时，基础设施也是我国银行在“一带一路”沿线贷款支持的主要领域，如铁路、公路、机场和油气管道建设等。基础设施类贷款占我国银行向“一带一路”沿线国家提供银团贷款数量的29%，涉及的银团贷款金额占比也达到19%；占项目贷款的数量、金额的份额分别达17%、21%。此外，制造业和房地产业也获得了一定的贷款支持。在制造业中，一半以上的项目属于石化和金属冶炼项目。房地产项目则主要集中在2014年以前，目前已不是我国银行在沿线国家开展贷款活动的重要领域。

表8　**中国主要银行在“一带一路”沿线提供贷款的行业结构**

区域	项目贷款		银团贷款	
	数量（个）	总额（亿美元）	数量（个）	总额（亿美元）
油气	15	554.75	38	414.40
基础设施	33	404.50	50	248.48
电力	44	364.04	18	128.17
制造业	32	227.00	31	256.94
房地产业	26	247.92	12	17.90
矿业	8	39.12	13	62.17

续表

区域	项目贷款		银团贷款	
	数量（个）	总额（亿美元）	数量（个）	总额（亿美元）
清洁能源矿业	25	49.32	—	—
其他	6	7.16	8	194.07
合计	189	1894.32	170	1322.14

注：在银团贷款的行业分类中无“清洁能源矿业”项。

资料来源：Dealogic 数据库。

2. 投资基金

（1）丝路基金引领“一带一路”股权投资基金

2014 年 12 月成立的丝路基金是中国政府为推动“一带一路”倡议而单边设立的开发性投资基金，由此将股权投资方式引入了“一带一路”融资支持体系。丝路基金具有三个明显的特征：一是中央资金支持的专项投资基金。丝路基金由中央政府以外汇储备出资，在“一带一路”投资基金体系中具有权威和引领地位。二是以重大能源项目为主要投资方向。如表 9 所示，丝路基金在沿线国家主要投资于具有官方背景的大型电力、天然气和石油等能源项目。三是业务合作方式开放多样。除了股权投资，丝路基金还可与国际开发机构、境内外金融机构等发起成立共同投资基金或组织银团贷款，以及进行资产受托管理、对外委托投资等。不过，目前丝路基金参与的项目仍以股权

表9 丝路基金参与的具体项目和支持方式

时间	项目名称	东道国	参与方	支持方式
2015年4月	Karot水电项目	巴基斯坦	三峡集团、巴基斯坦私营电力和基础设施委员会	股权投资 银团贷款
2015年6月	Pirelli轮胎公司	意大利	中国化工集团	股权投资
2015年8月	中哈产能合作专项基金	哈萨克斯坦	哈萨克斯坦出口投资署	设立基金
2015年9月	Yamal液化天然气一体化项目	俄罗斯	俄罗斯诺瓦泰克公司	股权投资
2016年1月	Dairut天然气电站	埃及	沙特国际电力和水务公司	股权投资
2016年1月	Hassyan清洁燃煤电站	阿联酋	沙特国际电力和水务公司	股权投资 银团贷款
2016年12月	PJSC西布尔控股公司	俄罗斯	俄气银行、中石化	股权投资

资料来源：丝路基金官方网站和作者整理。

投资为主。

（2）多层次的投资基金体系初步形成

在丝路基金的引领下，中国中央政府参与的国际合作投资基金、各级政府设立的专项投资基金和企业出资的产业基金，积极向“一带一路”项目提供资金支持。这意味着，中国主导的多层次投资基金体系初步形成（见表10）。

首先，中国中央政府前期参与的双边和多边的国际合作基金为“一带一路”沿线项目提供了融资支持。这类基金通常由政策性银行代表中央政府参与，基金规模为10亿—100亿美元，主要投资于基金参与国当地的项目以推动国家或区域发展。许多只基金已在“一带一路”沿线开展了重要的投资项目。例如，中国—东盟投资合作基金在东盟地区已完成了涉及港口、通信、矿产、建材等领域的10个一期投资项目，中—欧亚经济合作基金、中国—中东欧投资合作基金和中国—东盟海上合作基金等也在沿线国家进行了投资。未来，这些基金将凭借前期积累的投资经验，继续成为“一带一路”建设中的重要力量。

其次，各级地方政府也在积极设立服务于“一带一路”倡议的专项投资基金。实际上，全国31个省市都已经表示要积极参与该倡议，其中2/3的省市在2015年将“一带一路”作为优先发展领域写入年度工作计划。① 目前，江苏、广西、广东、河南和陕西等省已与商业银行和地方骨干企业联合设立了地方版的丝路基金，预计其他省份也会陆续设立类似基金。这些地方基金的规模一般为100亿—300亿元，不仅支持省内企业在沿线国家开展投资与合作，也投资于省内的基础设施和新兴产业以促进与沿线国家的联通和合作。

① Economist Intelligence Unit（EIU），2015，Prospects and Challenges on China's "One Belt, One Road"：A Risk Assessment Report，available at http：//www.eiu.com/Handlers/WhitepaperHandler.ashx？fi = One-Belt-One-Road-report-EngVersion.pdf&mode = wp&campaignid = OneBeltOneRoad.

一些基金虽刚设立不久，但已开始启动项目投资，如广东丝路基金已储备了30多个项目，并确立了广东（石龙）铁路国际物流基地和中俄贸易产业园为首期标的项目。

最后，一些大型国有企业和民营企业也相继设立了“一带一路”概念的投资基金。据不完全统计，国内已有近10个此类基金成立并运营。其中，多数为同一行业的企业为在相关领域拓展投资机会而合作设立的产业基金，如由陕西黄金集团、兴业银行等企业发起设立的丝绸之路黄金基金，由亿利资源集团、泛海集团等出资成立的绿色丝绸之路基金等。也有以集团为单位，由下属多家企业联合组建的基金，如中信银行联合中信集团下属多家公司宣布将投融资7000多亿元助力国家“一带一路”倡议，并设立了“一带一路”基金，首期规模200亿元。相对而言，民营资本参与的基金规模普遍小于国有企业设立的基金规模。

表10 **中国已设立的“一带一路”投资基金**

基金名称	基金规模	出资人类型	主要出资人	（计划）参与的典型项目
中非发展基金	100亿美元	中央政府参与	国家开发银行承办，外汇储备提供资金支持	与福田汽车、中航国际等合作建立非洲业务投资平台

续表

基金名称	基金规模	出资人类型	主要出资人	（计划）参与的典型项目
中国—东盟投资合作基金	100 亿美元	中央政府参与	中国进出口银行、国内外多家投资机构	印度尼西亚大型镍铁冶炼项目、泰国生物质发电公司等
中阿共同投资基金	100 亿美元	中央政府参与	阿布扎比穆巴达拉开发公司、国家开发银行	重点投资清洁能源项目
中—欧亚经济合作基金	50 亿美元	中央政府参与	中国进出口银行、中国银行	与华为、俄罗斯 I-Teco 公司合作莫斯科数据中心项目
中国—东盟海上合作基金	30 亿元	中央政府参与	中央财政出资	东南亚海洋环境预报与灾害预警系统建设等
中俄投资基金	20 亿美元	中央政府参与	中投公司、俄罗斯直接投资基金等	收购俄罗斯第二大林业公司 42% 的股份、中俄边境同江铁路大桥
中国—中东欧投资合作基金	10 亿美元	中央政府参与	中国进出口银行、国内外多家投资机构	波兰的 Skyline 能源和 Grenoble 风电等新能源项目
江苏省“一带一路”投资基金	300 亿元	地方政府参与	江苏省财政、江苏省苏豪控股集团有限公司	支持江苏省有条件的企业开展对外投资与经济合作
广西丝路产业基金	200 亿元	地方政府参与	广西壮族自治区政府、建设银行	支持广西互联互通基础设施
广东丝路基金	200 亿元（首期）	地方政府参与	广东粤财投资控股有限公司（代表广东省财政出资）、工商银行、中国银行、交通银行	支持广东企业赴“一带一路”沿线国家开展重大项目建设，兼顾国内沿线交通枢纽项目
邮银豫资“一带一路”（河南）发展基金	100 亿元	地方政府参与	河南省财政厅所属豫资公司、邮储银行河南省分行	支持河南省“一带一路”沿线地区基础设施建设和战略新兴产业发展
西咸新区丝路产业发展基金	300 亿元	地方政府参与	陕西省西咸集团、建设银行山西分行	西咸新区产业引导项目、配套设施建设和存量债务置换

续表

基金名称	基金规模	出资人类型	主要出资人	（计划）参与的典型项目
丝绸之路黄金基金	1000 亿元	国有企业发起	山金金控、陕西黄金集团、兴业银行等	整合丝绸之路沿线的黄金产业链
中信银行“一带一路”母基金	200 亿元（首期）	国有企业发起	中信银行等	项目贷款、银团贷款等传统融资产品，PPP 模式融资、理财融资等“大资管”产品
西凤通江丝路产业投资基金	100 亿元	国有企业发起	陕西西凤投资有限公司	西凤酒城建设和西凤产业链以及“一带一路”沿线项目
“一带一路”矿业产业发展基金	100 亿元	民营企业发起	展腾投资集团、香港天立国际集团、中亚资源有限公司	“一带一路”的优质矿产资源、基础设施
绿色丝绸之路私募股权基金	50 亿元（首期）	民营企业发起	亿利资源集团、泛海集团、正泰集团等	丝绸之路沿线的绿色生态产业项目
亚太“一带一路”产业基金	5 亿美元	民营企业发起	天人资本控股集团	“一带一路”沿线国家财经金融、文化传媒、新能源等项目
“一带一路”基金	2 亿美元（首期）	民营企业发起	东英金融、光大证券、南南合作金融中心	清洁能源、可再生能源、科技创新、文化体育等行业
中国—柬埔寨“一带一路”产业基金	不详	民营企业发起	中国民生投资集团	在柬埔寨投资基础设施、建筑工业化、光伏等

资料来源：作者整理。

3. 债券融资

为了拓展融资渠道，中国也开始积极推动服务于“一带一路”融资的债券市场发展，但是规模仍十分有限。一方面，少数沿线国家和企业开始进入中国发行人民币债券（熊猫债）。继 2016 年 8 月波兰政府在银行间市场发行30亿元债券后，马来西亚银行和匈牙利政府也分别在2017年7月发行了10亿元熊猫债。截至2017年年底，仅有一家沿线国家的企业在中国完成了熊猫债融资，即俄罗斯铝业联合公司于2017年的3月、9月在上海证券交易所先后发行了10亿元、5亿元熊猫债。另外，中国的金融机构和企业也开始利用境外债券市场为“一带一路”项目寻求融资。根据Dealogic数据库，中国银行、国开行、建设银行等金融机构已经在境外市场发行丝路债券，少数企业也为开展“一带一路”沿线项目在国际债券市场融资（见表11）。不过，目前这类融资总额较低，尚不足200亿美元。

表11　中国金融机构和企业在国际市场发行“一带一路”概念债券的情况

发行人	发行时间	融资规模	上市地点
中国银行	2015年6月	共计40亿美元，含人民币、美元、欧元和新加坡元	中国香港、中国台北、新加坡、伦敦、迪拜NASDAQ
	2017年4月	共计30亿美元，含美元、欧元和人民币	中国香港
	2017年5月	6亿美元	
国家开发银行	2015年9月	10亿美元和5亿欧元	伦敦
	2017年11月	共计30亿美元，含美元和欧元	中国香港
中国建设银行	2015年11月	10亿人民币	中国香港、吉隆坡
	2016年9月	10亿人民币	新加坡

续表

发行人	发行时间	融资规模	上市地点
中国进出口银行	2016 年 11 月	20 亿欧元	新加坡
广州富力地产有限公司	2016 年 12 月	2.65 亿美元	新加坡
	2017 年 1 月	4.6 亿美元	

资料来源：Dealogic 数据库。

4. 直接投资和工程承包

从直接投资情况来看，"一带一路"沿线国家成为中国境外投资的热点地区，与中国的金融联系程度不断加深。2016 年全年，中国企业对"一带一路"沿线国家直接投资 145.3 亿美元，约占中国当年境外投资规模的 10%；中国与"一带一路"国家新签的承包工程合同额为 1260.3 亿美元，占同期中国对外承包工程新签合同额的 51.6%，完成营业额 759.7 亿美元，占同期总额的 47.7%。截至 2016 年年底，中国企业在"一带一路"沿线国家建立粗具规模的合作区 56 个，累计投资 185.5 亿美元，入区企业 1082 家，总产值 506.9 亿美元，上缴东道国税费 10.7 亿美元，为当地创造就业岗位 17.7 万个。

需要注意的是，中方对"一带一路"沿线国家直接投资的资金来源主要是中国政府及具有国有背景的机构和企业，并承担了较高的风险，但社会资本参与度不高。从企业所有权性质角度看，中国对"一带一路”沿线投资的企业主要以国有企业为主，而且大部分是中央企业。根据 Heritage Foundation 统计数据，在 2015 年和 2016 上半年对“一带一路”沿线国家投资额在 1 亿美元以上的企业中，国有企业有 30 家（其中 20 家为中央企业），所占比例约为 47%；民营企业有 29 家，所占比例约为 45%。此外，还有 5 家联合投资企业，所占比例约为 8%。从平均投资规模看，从高到低排序依次为中央企业、地方国有企业、联合投资企业和民营企业。中央企业的平均投资规模约为 9.63 亿美元；民营企业平均投资规模约为 4.68 亿美元，不到中央企业平均投资规模的 1/2；联合投资企业的平均规模约为 4.92 亿，略高于中央企业平均投资规模的 1/2；国有企业（不含中央企业）平均投资规模约为 6.45 亿美元，比较接近于所有企业平均投资规模，介于中央企业和联合投资企业之间。

二　“一带一路”融资面临的挑战

整体上看，“一带一路”资金供需之间存在较大缺口，融资瓶颈较为突出。而中方成为目前融资的主要资金来源方，并相应承担了较大的风险。“一带一路”秉持开放包容的理念，在融资方面不能成为中国的“独角戏”，应该成为沿线各国和国际各领域资本广泛参与的“合奏曲”，拓展多元化资金来源，搭建多层次融资框架，共同推动“一带一路”建设。

结合实践分析，目前“一带一路”融资主要面临以下几个方面的挑战。

（一）沿线各国政府支持融资的意愿和能力不足

“一带一路”融资需求巨大，一些跨境基础设施项目投资量巨大，期限长，短期收益率低。沿线各国多为发展中国家和新兴市场国家，政府支持基础设施建设的融资意愿不高，一些国家存在依赖中方投资的心理。同时，当地政府财政能力和空间有限的问题也较为突出。沿用国际通行的做法，下面以“中央政府债务占 GDP 的比重”和“国家外债占 GNI 的比重”来衡量沿线各国债务可持续性和对外依存度。一般而言，如果中央政府的债务率和国家外债比率较低，则该国政府会更有意愿和能力来支持国内的基础设施建设。

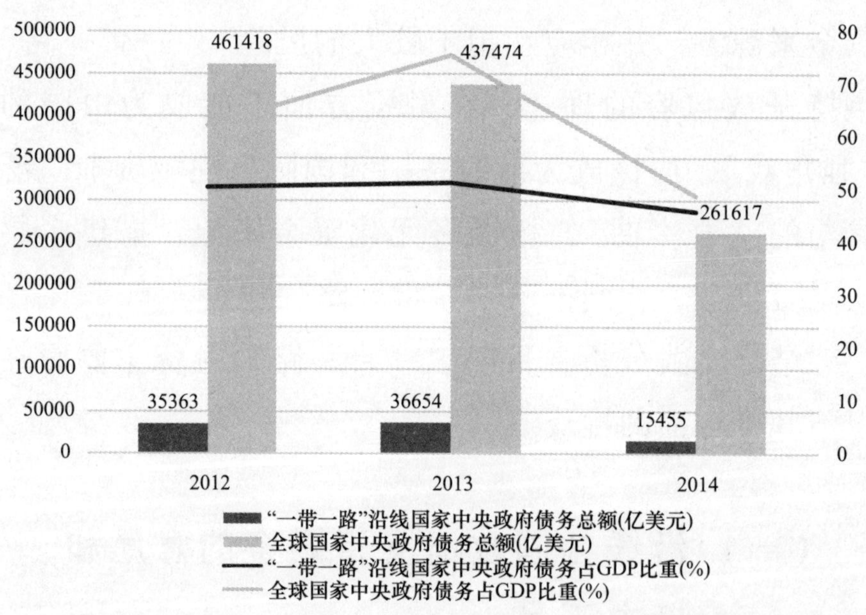

图 7 “一带一路”沿线国家和全球中央政府债务规模及其占 GDP 的比重

表 12 “一带一路”沿线国家中央政府债务情况

区域	2012 年		2013 年		2014 年	
	政府债务（亿美元）	政府债务/GDP（%）	政府债务（亿美元）	政府债务/GDP（%）	政府债务（亿美元）	政府债务/GDP（%）
东盟	9522	53.32	9875	52.23	8091	51.34
新加坡	3182	110.00	3059	101.86	3136	102.38
马来西亚	1624	51.65	1714	53.00	—	—
菲律宾	1288	51.48	1339	49.24	1292	45.35
泰国	1131	28.46	1228	29.25	1221	30.20
印度尼西亚	2298	25.03	2535	27.78	2443	27.43
西亚	3676	38.32	3386	22.19	2949	36.91
约旦	207	66.82	—	—	—	—
巴林	—	—	145	43.94	—	—
土耳其	3434	43.53	3129	38.01	2949	36.91
南亚	9725	63.96	9885	72.37	584	80.69
不丹	13	72.52	17	96.14	18	90.65
斯里兰卡	470	68.71	526	70.82	566	70.74
印度	9242	50.64	9342	50.14	—	—
中亚	227	10.50	296	26.82	316	25.26
吉尔吉斯斯坦	—	—	31	42.81	28	37.87
哈萨克斯坦	227	10.50	264	10.84	288	12.65
独联体	2711	24.90	3004	25.72	3417	32.13
乌克兰	592	33.70	671	37.03	839	63.67
格鲁吉亚	52	32.53	55	33.92	58	35.38
白俄罗斯	160	25.22	180	24.63	193	25.42
俄罗斯	1888	8.70	2079	9.32	2306	11.36
中东欧	9503	67.02	10152	77.02	97	73.37
希腊	4065	165.48	4351	181.66	—	—
塞浦路斯	297	119.22	351	145.85	—	—
匈牙利	1198	94.17	1268	94.34	—	—

续表

区域	2012 年		2013 年		2014 年	
	政府债务（亿美元）	政府债务/GDP（%）	政府债务（亿美元）	政府债务/GDP（%）	政府债务（亿美元）	政府债务/GDP（%）
波兰	2758	55.14	2912	55.57	—	—
东亚（蒙古国）	0	0.00	58	45.89	0	0.00

注：①表中的“政府债”为中央政府债；区域的“政府债”指标为区域内可得国家的数据加总得到，区域的“政府债/GDP”指标为区域内可得国家的数据简单算数平均得到。

②部分国家数据缺失，西亚和中亚缺失严重。

资料来源：世界银行。

整体来看，“一带一路”沿线国家在2012—2014年中央政府债的规模还是比较稳定的。[①] 从中央政府债占GDP的比重来看，“一带一路”沿线国家的平均值在近3年都显著低于全球平均水平，[②] 且呈现下降的趋势（见图7）。表12显示了“一带一路”沿线区域和主要国家中央政府债务的具体情况。各区域之间的差异比较大，中亚、独联体和西亚的中央政府债占GDP的比重相对较低，不过由于中亚和西亚的数据缺失严重，有可能使区域的政府债务水平被低估；东亚和东盟处于中等水平，中央政府债占GDP的比重在50%左

① 2014年中央政府债规模和占GDP比重的大幅下降是由于相比2013年缺失了近一半的国家数据。

② 均采用简单算术平均。

右；南亚和中东欧各国的政府债务水平则较高，约一半的国家中央政府债占GDP的比重已经超过60%的安全线，个别国家甚至超过100%。

在东盟地区，现有数据只能提供5个创始成员国的政府债务情况。可以看到，新加坡的中央政府债务水平远高于其他国家，近年来中央政府债占GDP的比重一直高于100%。作为发达国家，这一债务水平虽然不会对新加坡政府的财政支出造成太大限制，但是由于其国内的基础设施已经比较完善，因此政府支持国内大型工程建设项目融资的可能性不大。除新加坡以外，区域内其他国家对基础设施建设具有更强的需求，且中央政府债占GDP的比重都处于比较合理的水平，为20%—50%。东亚地区的蒙古国的政府债务水平也处于合理区间，应当能够对国内的基础设施建设提供一定的财政支持。可见，在东盟和东亚地区的多数国家，政府应该有能力与中国展开"一带一路"项目的融资合作，并对国内大型项目给予一定的融资支持。

中亚、独联体和西亚是"一带一路"沿线政府债务水平较低的三个区域，因此区域内国家应该有能力对本国的基础设施建设提供一定的融资支持。从中亚地区仅可得的两个国家的数据来看，2014年哈萨克斯坦的中央政府债务占GDP的比重仅为12.6%，吉尔吉斯斯坦也仅为37.9%。由于经济发展相对落后，中亚国家具有发展基础设施和工业建设的需求，同时政府的财政状况较好，因此中国应积极与这些国家的政府展开合作以促进当地的项目融资。独联体是另一个政府债务水平普遍较低的区域，多数国家的中央政府债占GDP的比重在40%以下。乌克兰由于在2014年爆发了内战，导致政府支出大幅增加，在该年政府的债务比率突破了60%。俄罗斯作为区域内最大的国家，虽然政府债务金额远超其他国家，但是中央政府债占GDP的比重却始终保持在10%左右，为区域内最低。西亚地区的国家普遍富裕程度高，阿联酋和阿曼等石油输出国的中央政府债占GDP的比重很低，仅分别为2%和5%；土耳其和约旦等非石油输出国的政府债务水平较高，分别在40%左右和60%以上。总体来看，中亚和独联体地区的国家具有发展基础设施建设的需求，同时政府也有一定的财政能力和债务空间；西亚地区的国家则富裕程度高、市场广阔。因此，在这些地区拓展项目比较容易得到当地政府的融资支持。

南亚和中东欧是“一带一路”沿线政府财政能力最堪忧的区域。南亚地区仅可得不丹、斯里兰卡和印度的数据，其中央政府债占GDP的比重分别约为90%、70%和50%。除印度以外，其他两国对于国内基础设施建设的融资恐怕难有支持。中东欧国家的政府财政能力也不乐观。政府财政状况最糟的 3 个国家希腊、塞浦路斯和匈牙利的政府债务大有突破本国 GDP 之势，其中，深陷债务危机的希腊，其中央政府债与 GDP 的比值更是已经接近 200%。该地区的几个大国，如波兰、罗马尼亚、拉脱维亚和立陶宛的政府债务比率保持在 50% 左右，保加利亚和爱沙尼亚则是区域内政府债务比率最低的国家。总之，在南亚和中东欧地区开展大型项目建设获得东道国政府融资支持的难度较大，只有个别国家的政府还有提供财政支持的空间。

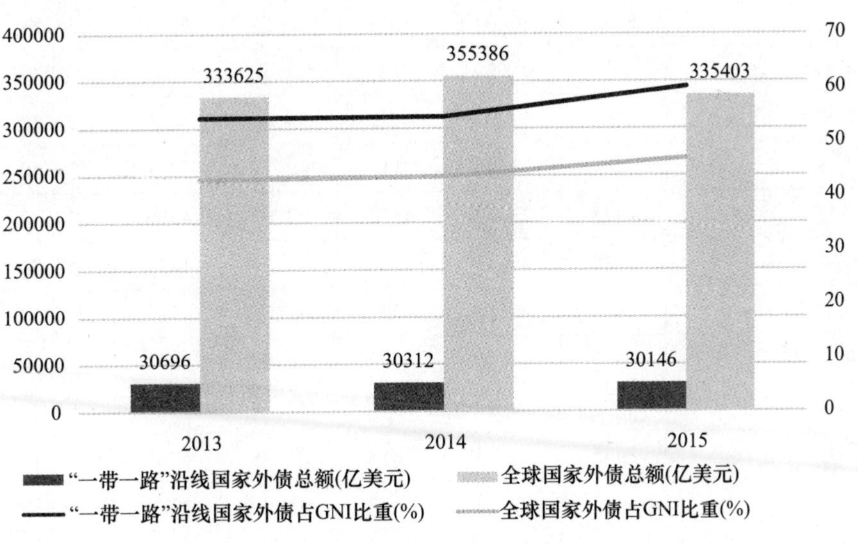

图 8　“一带一路”沿线国家和全球的外债规模及其占 GNI 的比重

表 13　　“一带一路”沿线国家外债情况

区域	2013 年		2014 年		2015 年	
	外债（亿美元）	外债/GNI（%）	外债（亿美元）	外债/GNI（%）	外债（亿美元）	外债/GNI（%）
东亚	189	159.14	208	185.41	215	201.70
东盟	7471	41.98	7987	43.05	8056	51.03
老挝	94	89.34	102	91.52	116	99.60
马来西亚	1888	60.40	1966	60.17	1909	66.30
柬埔寨	71	48.93	79	50.02	93	54.60
越南	655	39.94	724	40.89	777	42.50
印度尼西亚	2655	29.98	2930	34.03	3085	37.00
西亚	4433	62.56	4551	61.42	5006	41.24
约旦	232	69.68	243	68.57	257	69.50
黎巴嫩	309	70.23	299	64.99	309	64.70
土耳其	3892	47.78	4009	50.70	3976	56.10
南亚	5697	36.04	6072	36.57	6373	36.38
不丹	16	95.29	18	100.67	20	105.80
斯里兰卡	392	54.05	423	54.04	439	54.60
马尔代夫	9	37.05	11	39.14	9	33.50
印度	4273	23.22	4576	22.67	4796	23.40
中亚	1725	48.41	1838	48.79	1822	57.04
吉尔吉斯斯坦	68	96.58	73	100.23	75	118.60
哈萨克斯坦	1497	68.46	1577	76.99	1544	89.30
塔吉克斯坦	49	57.57	52	45.34	51	54.40
独联体	8945	59.74	7618	61.38	6723	79.14
乌克兰	1477	82.84	1312	100.74	1229	137.40
格鲁吉亚	135	85.05	140	85.80	149	109.40
摩尔多瓦	66	74.12	66	74.52	63	91.10
亚美尼亚	87	74.42	86	70.09	89	81.30
白俄罗斯	396	56.18	400	54.26	379	72.70

续表

区域	2013 年		2014 年		2015 年	
	外债（亿美元）	外债/GNI（%）	外债（亿美元）	外债/GNI（%）	外债（亿美元）	外债/GNI（%）
俄罗斯	6685	31.08	5496	27.99	4683	36.30
中东欧	2236	76.39	2037	67.94	1950	73.23
塞尔维亚	364	83.40	331	77.96	308	88.80
保加利亚	513	95.85	478	86.33	375	79.90
波黑	—	—	—	—	129	79.80
阿尔巴尼亚	88	68.75	84	64.02	83	73.20
马其顿	—	—	—	—	69	70.60

注：①表中区域的“外债”指标为区域内可得国家的数据加总得到，区域的“外债/GNI”指标为区域内可得国家的数据简单算数平均得到。

②部分国家数据缺失，西亚和中东欧缺失严重。

资料来源：世界银行。

总体来看，“一带一路”沿线地区政府外债规模2013—2015年比较稳定。从外债占GDP的比重来看，“一带一路”沿线国家的平均值在近3年都显著高于全球平均水平[①]，而且两者均呈现上升趋势（见图8）。表13提供了“一带一路”沿线区域及其主要国家外债的具体情况。从外债与GNI的比值来看，西亚和南亚处于较低水平，说明政府债务的对外依存度较低；东盟和中亚紧随其后，外债/GNI处在50%左右；独联体和中东欧的外债水平则相对较高，都已经超过了

① 均采用简单算术平均。

70%；东亚的蒙古国更是突破了200%。

东盟地区外债依存度排名最高的3个国家依次是老挝、马来西亚和柬埔寨。其中，马来西亚在2015年的外债/GNI已经接近100%，另外两个国家的指标值也达到50%以上。这体现出这些国家的外债风险高、偿付能力弱，对本国的基础设施、工业改造等项目恐怕有心无力。相比之下，越南、印度尼西亚、泰国和菲律宾的外债比率则相对较低，外债/GNI为20%—40%。与东盟外债水平接近的是中亚地区，排在首位的吉尔吉斯斯坦的外债已经接近GNI的1.2倍，第二位哈萨克斯坦的外债/GNI也接近90%。区域内外债水平最低的是土库曼斯坦，外债仅占GNI的1%左右。综上可见，这两个区域中虽然有一些国家的外债依赖程度高、偿付风险大，不过也有相当一部分国家的外债水平较低，仍有进一步融资的空间来支持本国的基础设施和工业项目。

西亚和南亚国家的外债情况要优于前面提到的东盟和中亚。在西亚地区，富裕的石油输出国常常在全球扮演债权国的角色，而非债务国；因此外债水平较高的国家往往是一些非石油输出国，如约旦、黎巴嫩和土耳其。这些国家的外债/GNI一般为50%—70%，外债压力较大，但还不至于引发大规模的风险。至于南亚地区，除了不丹的外债依存度已超过100%、斯里兰卡超过50%，其他国家均处在40%以下。区域内最大的新兴经济体印度的外债金额占到整个区域的75%以上，不过外债/GNI 却一直保持在23%左右的低水平。由此可见，在西亚和南亚地区，除了个别国家的外债依赖程度较高，多数国家的外债保持在合理水平并且仍有进一步举债的空间。因此，与这些国家开展项目融资合作的前景更加广阔，面临的违约风险也较小。

相反，独联体、中东欧和东亚地区的国家则普遍具有较高的外债依存度。从独联体来看，共有乌克兰、格鲁吉亚、摩尔多瓦、亚美尼亚和白俄罗斯5个国家的外债/GNI 指标超过了70%。其中，乌克兰由于2014年内战爆发后GNI大幅下降，导致外债占GNI的比重迅速突破100%；格鲁吉亚则因为外债金额不断上升，也在2015年超过了其GNI的规模。俄罗斯的外债规模占到整个区域的70%，但是其外债依存度一直处于区域最低行列。近年来，由于西方经济制裁导致俄罗斯的经济体量出现了年均约20%的下降，导致其外债/GNI 上升到36.3%。从可得数据来看，中东欧地区同样有5个国家的外债/GNI 指标超过了70%，依次为塞尔维亚、保加利亚、波黑、阿尔巴尼亚和马其顿。该区域内各国的外债依存度都比较接近，很多国家都位于50%左右的水平。东亚的蒙古国近年来外债/GNI

的数值一路上升到200%以上，已经成为“一带一路”沿线外债依存度最高的国家之一。总体而言，独联体、中东欧和东亚地区国家的外债风险大，政府进一步举债的能力和对外债的偿付能力普遍较差，因此开展大规模建设项目会面临比较严峻的融资挑战。

（二）在区域层面缺乏顶层设计和规划协调

目前，“一带一路”沿线国家存在着一些国别互联互通规划或投资计划。但从区域角度来看，这些规划或计划需要加强协调、有效对接，尚未形成较为一致的区域基础设施发展规划或框架，从而提出合理的总体融资安排。此外，区域项目建设和融资的信息共享不完善，资金供需双方匹配度不高。

一方面，“一带一路”沿线各国在国家内部和区域层面均普遍缺乏一个基础设施发展规划和投融资计划的顶层设计。“一带一路”沿线各国经济发展水平和基础设施建设能力总体偏低，政府调控经济和编制经济发展规划的经验与能力较弱，商业性金融机构在基础设施领域的融资意愿和能力存在明显不足。因此，在沿线各国内部，大多缺乏一个全国层面上的基础设施发展规划和投融资规划，更遑论区域层面上一致性的基础设施互联互通规划。这不仅显著降低了各国基础设施使用效率和经济效益，而且大大阻滞了沿线诸国之间基础设施互联互通的进程，进而“一带一路”大市场建设的步伐也相应受到阻碍。同时，沿线各国政府之间在项目建设上信息共享与沟通不足，缺乏一个基础设施建设规划的交流和协调机制，导致多边和国内外的金融机构难以有效获取区域项目建设信息，致使项目建设资金需求方和项目资金提供方之间的信息不对称加剧，从而加大了沿线区域项目建设的融资难、融资贵。

另一方面，“一带一路”沿线各国经济较内向封闭，国际化程度不高，商品、人员和资金的跨境流动量较小，各国内部对区域国际间的基础设施互联互通尚未产生实质性需求，或者这种基础设施互联互通需求受制于基础设施的薄弱和隔绝状况而未能有效激发出来，推进沿线国家基础设施建设规划协调和项目建设信息共享面临着较多的阻力。中国推动的“一带一路”建设，为沿线诸国提供了一个巨大而统一的市场空间和前景，将会增强各国参与区域经济融合和一体化的激励，而基础设施的互联互通是区域的经济合作和经济一体化的充要条件。但这一发展过程是长期而渐进的，且受制于诸多地缘政治和经济因素的影响，只能逐步推进，不能急于求成。总体上看，由于沿线国家之间经济发展一体化程度较低，沿线区域基础设施的互联互通规划尚缺乏强劲的内在需求支撑，加之地缘政治因素的干扰，中国主导推进沿线区域基础设施规划交流与协调的努力将会遭遇较多的阻力。

（三）沿线国家国情差异巨大，多数国家投资风险较高

“一带一路”沿线国家主要是新兴经济体和发展中国家，国情复杂多样，许多国家主权信用评级较低，宗教影响深远，在政治、经济、金融和安全等方面风险系数偏高，对项目融资整体收益造成较大影响。现在，我们借助中国社会科学院发布的《中国海外投资国家风险评级报告（2017）》和世界银行的《全球营商环境（Doing Business）报告》，来分析“一带一路”沿线国家的投资风险。

1. 投资风险评级状况

我们根据中国社会科学院世界经济与政治研究所发布的《中国海外投资国家风险评级报告（2017）》（以下简称《评级报告》）来分析“一带一路”沿线国家的投资风险。该评级体系有经济基础、偿债能力、政治风险、社会弹性和对华关系5大指标以及41项细

分指标。《评级报告》仅对“一带一路”沿线35个主要国家的投资风险作了评估。这35个国家近3年的FDI流入量占“一带一路”沿线地区总流入量的平均比例约为94%，具有很高的代表性。“一带一路”沿线国家的投资风险评级结果如表14所示。

表14　“一带一路”沿线35个主要国家投资风险评级结果

2017年排名	国家	地区	是否是发达国家	排名变化	2017年评级等级	2016年评级等级
1	新加坡	东盟	1	—	AA	AA
2	阿联酋	西亚	0	↑	A	A
3	以色列	西亚	1	↓	A	A
4	匈牙利	中东欧	1	↑	A	A
5	捷克	中东欧	1	↓	A	A
6	罗马尼亚	中东欧	0	↑	A	BBB
7	波兰	中东欧	0	—	A	A
8	马来西亚	东盟	0	↑	A	BBB
9	沙特阿拉伯	西亚	0	↓	BBB	A
10	哈萨克斯坦	中亚	0	↓	BBB	A
11	俄罗斯	独联体	0	↓	BBB	BBB
12	柬埔寨	东盟	0	↑	BBB	BBB
13	印度尼西亚	东盟	0	↑	BBB	BBB
14	保加利亚	中东欧	0	↓	BBB	BBB
15	老挝	东盟	0	↑	BBB	BBB
16	菲律宾	东盟	0	—	BBB	BBB
17	希腊	中东欧	1	↓	BBB	BBB
18	土耳其	中东欧	0	↓	BBB	BBB
19	土库曼斯坦	中亚	0	↑	BBB	BBB

续表

2017年排名	国家	地区	是否是发达国家	排名变化	2017年评级等级	2016年评级等级
20	巴基斯坦	南亚	0	↑	BBB	BBB
21	印度	南亚	0	↑	BBB	BBB
22	伊朗	西亚	0	↑	BBB	BBB
23	蒙古国	东亚	0	—	BBB	BBB
24	泰国	东盟	0	↑	BBB	BBB
25	斯里兰卡	南亚	0	↓	BBB	BBB
26	越南	东盟	0	↑	BBB	BBB
27	缅甸	东盟	0	↓	BBB	BBB
28	塔吉克斯坦	中亚	0	↑	BB	BBB
29	乌兹别克斯坦	中亚	0	↓	BB	BBB
30	孟加拉国	南亚	0	—	BB	BB
31	白俄罗斯	独联体	0	—	BB	BB
32	吉尔吉斯斯坦	中亚	0	↑	BB	BB
33	埃及	西亚	0	↓	BB	BB
34	乌克兰	独联体	0	—	BB	BB
35	伊拉克	西亚	0	—	B	B

资料来源：中国社会科学院世界经济与政治研究所：《中国海外投资国家风险评级报告（2017）》，中国社会科学出版社2017年版。

总体来看，“一带一路”沿线国家中多为新兴经济体，仅有新加坡、以色列、捷克、匈牙利和希腊5个发达经济体，整体的经济基础较为薄弱，经济结构单一，经济稳定性差；部分国家地缘政治复杂，政权更迭频繁，政治风险较高；而且内部社会弹性和偿债能力也较低。值得一提的是，“一带一路”沿线国家对华的政治和经济关系分化较大，既有与中国政治关系密切，经济依存度高的巴基斯坦、老挝等国家；也有对中国怀有警惕心理，投资阻力较大，经济依存度较低的国家，如印度等；还有由于国内稳定性和开放度原因，使投资阻力较大，双方经贸往来难度较高的国家，如伊拉克；还有一些国家虽然与中国政治关系友好，但是经济依存度较低，如沙特、捷克等。未来，在与中国经济依存度较高的“一带一路”沿线国家投资，推动双方互利共赢，减少对方的警惕心理从而降低投资阻力，签订投资协定，将是促进中国在“一带一路”沿线地区投资规模增加的一大助力。

发达国家的风险明显低于新兴市场国家，排名前五的国家中，除了阿联酋外均为发达经济体，希腊虽然作为发达经济体，但受债务危机影响，偿债能力甚至低于新兴经济体，社会弹性也较低，因此级别评定较低，需要加强防范投资风险。评级最高的新加坡，其经济发展水平、政治稳定性、对华关系、社会弹性都位于很高的水平，对中国的投资依存度较高，而且投资受阻程度很低。此外，新加坡、以色列和匈牙利已成为亚洲基础设施投资银行的创始成员国，反映出了其对“一带一路”沿线地区基础建设投资的支持态度，未来对中国在“一带一路”沿线地区直接投资将会有一定助力。

“一带一路”沿线地区的投资风险较高，其中政治风险是最大的潜在风险，而经济基础薄弱则是最大的掣肘。从评级结果来看，低风险评级国家仅有新加坡1家，高风险评级国家也只有8家，其余的26个国家为中等风险国家。整体来看，“一带一路”沿线地区国家的经济结构单一，经济发展缺乏内在动力，基础设施供给尤其是电力设施严重不足，但矿产资源存量丰富，市场潜力较大，这些都是“一带一路”实施的基础。中国对“一带一路”沿线地区直接投资最多的是东盟地区，主要集中于印度尼西亚、马来西亚、越南、菲律宾和新加坡等地，投资的主要方向是金属和能源开采业、制造业、基础设施建设（如电力和建筑业），以及橡胶制品。增长最快的则是南亚地区的印度和巴基斯坦，主要投资基础设施建设、信息通信技术、软件设计开发、金属开采和制造业等行业。未来，中国对“一带一路”沿线国家的投资可因势利导、因地制宜，根据国家风险水平和区位优势的不同适当调整投资决策。首先根据地区比较优势的不同将投资配置不同国家，如西亚的能源、东亚和南亚的基础设施建设、俄罗斯和中东欧的加工制造业、印度的通信和软件业等。其次是减小“一带一路”沿线国家对中国的警惕心理，化解其误解和疑虑，规范企业投资行为，通过修改和签订双边投资协定，进一步减小投资阻力和风险，尤其是对经济依存度高，市场需求量大，政治和经济稳定性较高的地区，其投资潜力较大，减小投资阻力可以迅速促进投资的增长。

表 15　“一带一路”沿线区域投资风险评级结果统计

评级结果	东盟	西亚	独联体	南亚	中东欧	中亚	东亚（蒙古国）
AA	1						
A	1	2			4		
BBB	7	2	1	3	3	2	1
BB		1	2	1		3	
B		1					

资料来源：中国社会科学院世界经济与政治研究所：《中国海外投资国家风险评级报告（2017）》，中国社会科学出版社 2017 年版。

根据 35 个“一带一路”沿线国家的所属区域进行统计（见表 15），发现中东欧和东盟国家的投资风险最低，这两个地区的发达国家数量较多，地区发展程度较高，经济增速较快，较少出现地缘政治问题，总体来说，政治风险较低，经济基础较好，社会弹性和偿债能力也高于发展中国家，整体投资风险较低。南亚国家风险基本为 BBB 级，仅孟加拉国为 BB 级，主要是由于其对华经济联系不太密切，未签订 BIT 协定，对华投资和贸易依存度也比较低。

而独联体和中亚地区的投资环境则较为恶劣，仅有俄罗斯、哈萨克斯坦、土库曼斯坦为 BBB 级，其余都是BB级。这些国家的经济基础、政治风险、偿债能力和社会弹性多项指标都排名十分靠后（见表16）。既没有经济增长的强劲动力，也缺乏财政的偿债支持，地缘政治问题突出，政局不稳，投资风险较高。

西亚地区呈现较大的差异性，既有评级为A的以色列和阿联酋，也有评级为B（不可投资级）的伊拉克。主要是由于西亚地区国家较多，地域广阔，像以色列和阿联酋，经济和军事实力都较强，财政和金融系统较为安全，投资环境稳定，但伊拉克、伊朗等地区，政局动荡，常有军事冲突，社会不稳定，存在极大的政治和社会风险，经济基础也较弱，投资风险较高。

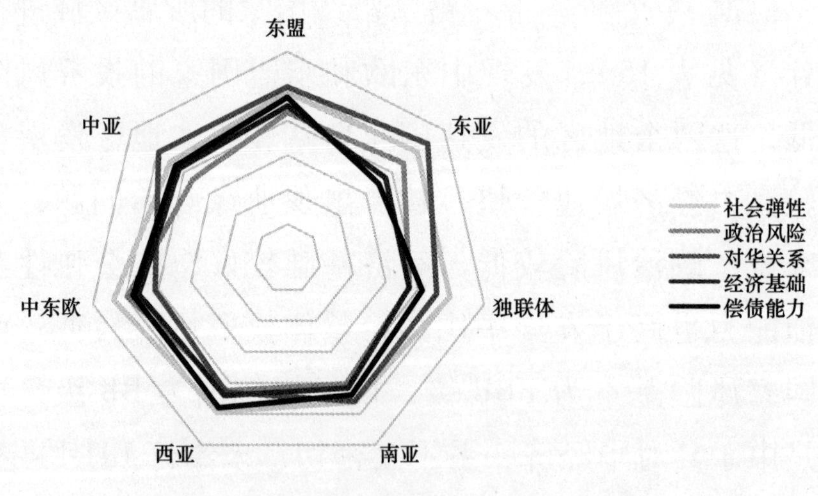

图9 “一带一路”沿线地区分项指标得分均值

如图9所示，从分项指标来看，各地区有显著差异。经济基础指标差异度较低，仅独联体和东亚（蒙古国）地区得分明显较低，其他地区经济基础情况较为接近，这个结果并不是说各地区的经济发展水平趋于一致，而是综合考虑了当地的经济体量、经济增速及其波动性、人均 GDP、贸易投资开放度、通货膨胀和失业水平、基尼系数等因素得出的结论。

各地区政治风险差异则较大，中亚和独联体地区由于其地缘政治冲突的普遍性和严重性，政治风险最高。反之，政治风险最低的则是目前政局较为稳定，经济较发达的中东欧地区。西亚、南亚和东盟地区，由于其国别差异明显，得分居于中游，以西亚为例，得分最低的 6 个国家中，西亚占据 3 席，分别是埃及、伊拉克和伊朗，但是得分最高的阿联酋也是西亚国家。

对华关系指标也存在明显的两极分化，东盟、中亚和东亚（蒙古国）得分很高，因为这些地区同中国的贸易投资往来密切，对中方依赖度高，大多还签订了双边投资协定，投资受阻程度较低，政治关系也较好。得分最低的则是中东欧和西亚地区，主要原因是投资和贸易的依存度低，投资便利度也不高。

社会弹性指标涵盖了教育水平、劳动力管制、内部冲突、社会安全、商业管制和资本流动限制等指标。中东欧地区的得分最高符合我们的直观认知，而得分最低的中亚和南亚地区，经商环境较差，管制程度较高，内部冲突频发，社会安全堪忧，劳动力素质较低，企业投资的风险较高。

对于东亚（蒙古国）、独联体、南亚和中亚地区的国家，投资时需要注意其无法到期还本付息的风险，这些国家普遍具有外债负担过重，期限配比不协调，财政余额不足，银行不良资产比重较高的风险。

表 16　　2016 年“一带一路”沿线国家分指标排名

排名	经济基础	政治风险	社会弹性	偿债能力	对华关系
1	以色列	阿联酋	新加坡	以色列	巴基斯坦
2	新加坡	新加坡	阿联酋	捷克	老挝
3	捷克	捷克	捷克	匈牙利	塔吉克斯坦
4	罗马尼亚	匈牙利	匈牙利	伊朗	伊朗
5	阿联酋	马来西亚	马来西亚	阿联酋	新加坡
6	沙特阿拉伯	罗马尼亚	沙特阿拉伯	乌兹别克斯坦	蒙古国
7	波兰	波兰	保加利亚	土库曼斯坦	土库曼斯坦
8	俄罗斯	沙特阿拉伯	罗马尼亚	菲律宾	缅甸
9	印度尼西亚	以色列	波兰	俄罗斯	柬埔寨
10	菲律宾	印度	哈萨克斯坦	泰国	哈萨克斯坦
11	柬埔寨	希腊	俄罗斯	波兰	俄罗斯
12	保加利亚	保加利亚	土耳其	新加坡	越南
13	匈牙利	印度尼西亚	斯里兰卡	孟加拉国	以色列
14	希腊	蒙古国	白俄罗斯	缅甸	匈牙利
15	哈萨克斯坦	菲律宾	以色列	印度尼西亚	马来西亚
16	印度	哈萨克斯坦	吉尔吉斯斯坦	土耳其	印度尼西亚
17	土库曼斯坦	土耳其	蒙古国	柬埔寨	斯里兰卡
18	土耳其	乌克兰	柬埔寨	哈萨克斯坦	泰国
19	马来西亚	柬埔寨	希腊	罗马尼亚	白俄罗斯

续表

排名	经济基础	政治风险	社会弹性	偿债能力	对华关系
20	老挝	斯里兰卡	印度尼西亚	越南	乌兹别克斯坦
21	孟加拉国	孟加拉国	印度	沙特阿拉伯	希腊
22	缅甸	塔吉克斯坦	老挝	保加利亚	埃及
23	越南	越南	埃及	伊拉克	菲律宾
24	吉尔吉斯斯坦	泰国	乌克兰	老挝	阿联酋
25	塔吉克斯坦	老挝	泰国	马来西亚	吉尔吉斯斯坦
26	巴基斯坦	俄罗斯	菲律宾	印度	土耳其
27	泰国	白俄罗斯	伊朗	巴基斯坦	乌克兰
28	斯里兰卡	巴基斯坦	孟加拉国	埃及	罗马尼亚
29	乌兹别克斯坦	乌兹别克斯坦	土库曼斯坦	斯里兰卡	波兰
30	埃及	伊朗	越南	白俄罗斯	保加利亚
31	蒙古国	土库曼斯坦	巴基斯坦	希腊	沙特阿拉伯
32	伊朗	吉尔吉斯斯坦	乌兹别克斯坦	吉尔吉斯斯坦	印度
33	伊拉克	缅甸	伊拉克	蒙古国	孟加拉国
34	白俄罗斯	伊拉克	缅甸	乌克兰	捷克
35	乌克兰	埃及	塔吉克斯坦	塔吉克斯坦	伊拉克

资料来源：中国社会科学院世界经济与政治研究所：《中国海外投资国家风险评级报告（2017）》，中国社会科学出版社 2017 年版。

2. 营商环境（营商便利度）排名状况

世界银行的全球营商环境（营商便利度）排名考察 10 项指标，即开办企业、办理施工许可证、电力可获得性、财产登记、信贷可获得性、保护少数投资者、纳税、跨境贸易、合同执行、破产办理。表 17 列示了"一带一路"沿线国家 2014—2016 年的营商环境排名。

表 17　　“一带一路”沿线国家的营商环境排名

区域	2014 年		2015 年		2016 年	
	DFT 分数	全球排名	DFT 分数	全球排名	DFT 分数	全球排名
东盟	64.0	89	63.5	88	64.0	86
新加坡	88.3	1	87.3	1	85.1	2
马来西亚	78.8	18	79.1	18	78.1	23
泰国	75.3	26	71.4	49	72.5	46
越南	64.4	78	62.1	90	63.8	82
印度尼西亚	59.2	114	58.1	109	61.5	91
西亚	62.8	90	59.7	101	59.3	104
阿联酋	76.8	22	75.1	31	76.9	26
以色列	71.3	40	70.6	53	71.7	52
巴林	69.0	53	66.8	65	68.4	63
土耳其	68.7	55	69.2	55	67.2	69
南亚	54.6	134	53.7	128	52.9	132
不丹	57.5	125	65.2	71	65.4	73
尼泊尔	60.3	108	60.4	99	58.9	107
斯里兰卡	61.4	99	59.0	107	58.8	110
印度	54.0	142	54.7	130	55.3	130
中亚	57.0	122	63.9	82	64.7	81
哈萨克斯坦	64.6	77	72.7	41	75.1	35
吉尔吉斯斯坦	60.7	102	66.0	67	65.2	75
乌兹别克斯坦	54.3	141	62.6	87	63.0	87
独联体	68.2	60	70.9	50	72.3	46
格鲁吉亚	79.5	15	77.5	24	80.2	16
白俄罗斯	68.3	57	72.3	44	74.1	37
亚美尼亚	70.6	45	74.2	35	73.6	38
俄罗斯	66.7	62	71.0	51	73.2	40
中东欧	70.2	49	73.1	41	74.5	37
马其顿	74.1	30	80.2	12	81.7	10

续表

区域	2014 年		2015 年		2016 年	
	DFT 分数	全球排名	DFT 分数	全球排名	DFT 分数	全球排名
爱沙尼亚	78.8	17	79.5	16	81.1	12
拉脱维亚	76.7	23	78.1	22	80.6	14
波兰	73.6	32	76.5	25	77.8	24
东亚（蒙古国）	65.0	72	68.8	56	68.2	64

注：①各经济体的综合排名是依据 10 个指标的前沿距离（DTF）分数决定的，每个指标所占权重相同。2014 年、2015 年和 2016 年，排名第一的国家 DTF 分数分别为 88.27、87.34 和 87.01，参与排名的国家样本数分别为 189、189 和 190。表中区域指标为区域内国家指标简单算数平均得到。

②缺少巴勒斯坦和土库曼斯坦的数值。

资料来源：世界银行。

表 17 列出了"一带一路"沿线各区域排名前三的国家，以及未进入前三但地位比较重要的国家。从区域比较来看，中东欧和独联体是营商环境比较好的，DTF（与前沿距离）分数保持在 70 分左右；东亚、东盟和中亚略逊一筹，DTF 分数基本在 60 分以上；西亚和南亚则相对较差，DTF 分数为 50—60 分。

中东欧和独联体具有良好的营商环境，而且区域内国家的政治、经济环境普遍较好，开展项目的风险较低。中东欧地区排名前三的国家在 2016 年均排在全球前二十，依次是马其顿、爱沙尼亚和拉脱维亚。马其顿的经济曾非常落后，不过近年来政府为促进经济发展、加快融入欧盟一体化，大力推进基础设施和工业建设，使其成为欧洲发展速度较快的国家之一。爱沙尼亚、拉脱维亚和立陶宛并称为波罗的海三国，共同于2004年加入欧盟，在财产登记、合同执行、跨境贸易等指标下均处于东欧前列。区域内最大的国家波兰紧随这些国家之后，其在跨境贸易指标的得分全球第一，同时在信贷可获得性、破产办理等方面表现出色。此外，区域内其他国家的全球排名也基本上都保持在前五十，只有阿尔巴尼亚、希腊和波黑较为靠后。独联体地区稍逊于中东欧，只有区域内排名第一的格鲁吉亚在2016年跻身全球前二十。格鲁吉亚近年来致力于建立自由市场经济，大力推进经济改革，国内商业环境得到极大改善，开办企业、办理施工许可证、财产登记、信贷可获得性和保护少数投资者等指标的得分均排在全球前十。区域内排名第二、第三的分别为白俄罗斯和亚美尼亚。白俄罗斯工业基础好，并与俄罗斯和哈萨克斯坦建立了关税同盟，财产登记、办理施工许可证、电力可获得性、合同执行和跨境贸易等指标均得分较高；亚美尼亚的开办企业、财产登记、信贷可获得性和合同执行等指标则表现不俗。区域内最大的国家俄罗斯在营商环境方面也可圈可点，2016年全球排名已升至第40位，财产登记、合同执行和开办企业等指标的表现尤为突出。区域内表现较差的国家是阿塞拜疆和乌克兰，2016年的全球排名分别为第

65 位和第 80 位。

第二阵营的东盟和中亚地区其实不乏一些营商环境不错的国家，不过由于同时存在商业环境较差的国家，因此区域总体排名被降低了。东盟地区的新加坡是"一带一路"沿线营商环境最高的国家，在近 3 年的全球排名中始终占据前两把交椅，特别是在保护少数投资者、合同执行、开办企业、纳税、办理施工许可证和电力可获得性 6 个方面均排名全球前十。区域内排名第二、第三的马来西亚和泰国同样是东盟的创始成员国。马来西亚在保护少数投资者、电力可获得性和办理施工许可证 3 个指标下的突出表现使其长期处在全球第 20 位左右；紧随其后的泰国近两年的排名有所下降，主要是办理施工许可证、财产登记、纳税等指标下的排名出现大幅下跌所致。越南和印度尼西亚是区域内近年来新兴的外商投资重地，两者的营商环境虽然一直在改善，但仍有很大的提升空间。中亚地区只有哈萨克斯坦能挤入全球前五十，其优势主要体现在保护少数投资者、合同执行、财产登记和办理施工许可证等方面，不过在跨境贸易和电力可获得性等方面还需加强。至于排在区域第二、第三的吉尔吉斯斯坦和乌兹别克斯坦，虽然近年来的 DTF 分数和国际排名持续提升，但是营商环境仍难以令人满意。东亚的蒙古国始终保持在全球第 60 位左右，其在保护少数投资者、办理施工许可证、纳税和开办企业方面表现良好，但在电力可获得性、跨境贸易、破产办理和合同执行等方面的情况堪忧。

西亚和南亚营商环境的排名较低，主要还是由于区域内国家的普遍排名比较靠后。在西亚地区，阿联酋遥遥领先于其他国家，特别是在缴纳税收、办理施工许可证、电力可获得性和保护少数投资者等方面均跻身全球前十，不过在合同执行、破产办理和信贷可获得性方面的表现却令人失望。以色列因为在保护少数投资者、破产办理和开办企业方面的表现较好，所以位列区域第二。土耳其作为区域内重要的新兴市场国家，曾一度与以色列排名相近；不过 2016 年其在电力可获得性、办理施工许可证、纳税等方面的排名明显下降，可能与当年发生的政变有关。南亚是“一带一路”沿线营商环境最差的地区，就连排名第一的不丹也未能进入全球前七十的行列。除了在税收和跨境贸易指标下表现良好，不丹在其他方面均不尽如人意。除不丹以外，区域内的国家全部位列全球 100 位开外。印度近两年均排在第 130 位，虽然在保护少数投资者和电力可获得性方面有一定的优势，但是其他指标的得分全都落后于全球大多数国家。

（四）沿线国家金融市场发展不充分

1. 融资渠道较为单一

基础设施投融资体系的特征是资金规模巨大、投资周期长、收益相对较低，而沿线国家较为依赖政府主导的传统融资方式，主要渠道来自于政策性银行和开发性银行贷款，很少通过境内外债券市场融资，也缺少商业性贷款的配合。

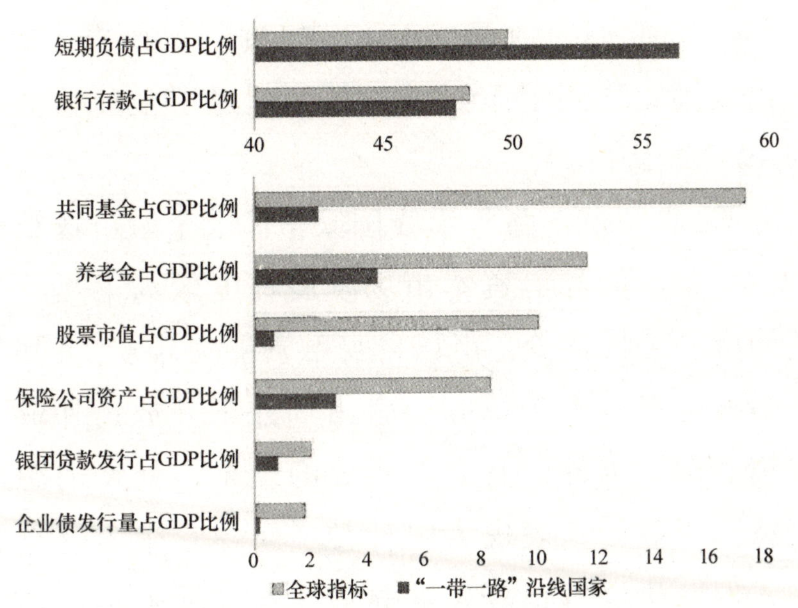

图 10 "一带一路"沿线国家融资渠道与全球平均水平的比较（%）

注：养老金占 GDP 比例、共同基金占 GDP 比例，"一带一路"沿线国家这两项数据是各国数据的简单算术平均数，其他项目下，"一带一路"沿线国家的指标是沿线国家的中位数。前两项取平均数是因为中位数已经是 0。全球指标由该数据库直接报告。

资料来源：World Bank，*Global Financial Development*，2017。

图10显示，与全球整体金融市场相比，“一带一路”沿线国家融资渠道明显更为单一。股票市场、银团贷款、债券市场的企业发债，这些融资方式的发展远远落后于全球整体金融市场的发展水平。保险公司、共同基金、养老基金，在这些金融市场主体的发展水平上，“一带一路”沿线国家也远远落后于全球金融市场发展水平。

与此同时，“一带一路”沿线国家的银行存款占GPD比例达到47.7%，接近全球金融市场整体水平（48.3%）；而短期负债的GDP占比指标，“一带一路”沿线国家达到了56.3%，甚至超过了全球整体水平的49.7%。

可见，“一带一路”沿线国家整体上金融市场结构单一，股票、债券等资本市场发展程度较为落后，可利用的融资工具较少，市场自身融资能力较弱。同时，部分沿线国家资本市场和金融市场并未开放，外资进入渠道有限。因此，其必然形成的结果，就是内源性融资特征明显，其表现为银行在金融体系中占有重要地位，但由于资本市场发展滞后，负债期限结构当中的短期负债负担较重。

2. 融资成本较高

“一带一路”沿线国家的融资成本较高，这是由多方面因素导致的。其一，主权信用风险评级相对较低。这在本报告第二部分中已经有详细分析。这导致以本国主权风险为基准的项目融资风险较高，融资成本居高不下，从而影响了对社会资本的吸引力。其二，由于资本市场发展滞后，融资产品无法实现证券化和二级市场的流通。基础设施投资通常是长周期、资金规模巨大、风险集中的项目，这就为投资人长期持有这类资产带来了难度。其三，区域内保险和信用担保体系不完善，覆盖范围有限，承保条件较严，缺乏足够的保险和增信支持能力。

事实上，中国在 20 世纪 90 年代中期也碰到过类似的问题。国家开发银行（以下简称“国开行”）在 1994 年成立，由于当时中国债券市场非常不成熟，所以国开行所发行的债券，实际上是由人民银行向主要商业银行强制摊派而实现的。在这样的情况下，国开行需要长周期的投资，而且希望获得低利率的融资，这就对资金的提供者构成了很大压力。不仅如此，商业银行持有国开行的债券，也无法在二级市场流通，因此资金占用问题严重，也影响了商业银行的正常经营活动。

1998 年 2 月，国开行第一次真正通过市场机制发行债券，规模为 50 亿人民币。为了实现这种转变，人民银行为其提供了三大支持举措：（1）国开行市场化发债之后，债券马上可以在银行间市场流通；（2）用公开市场业务支持国开行市场化发行，如果投资人中标后不希望持有，而且没有其他交易者，人民银行将通过公开市场业务操作买回债券；（3）人民银行用2—3年的时间，以原有的派购和市场化发行两种方式并存的“双轨制”支持国开行平滑过渡，完成债券市场的培育。[①] 最后国开行不但成功实现了市场化发债，而且也推动了中国债券市场的发展。

3. 金融基础设施不完善

“一带一路”沿线国家缺乏完善的投融资保护机制，金融基础设施不完善，金融监管难以满足实际需求，货币稳定存在较大风险，信用评价体系不健全，这使得目前沿线地区融资环境难以满足实际需求。

2016年9月伦敦金融城发布了《全球金融中心指数》（*The Global Financial Centres Index*），全球排名前十的金融中心，只有中国香港特别行政区、新加坡位于“一带一路”沿线。此外，上海、迪拜也勉强挤入前二十。深圳、北京的排名分别为第22位、第26位。在这个排名中我们看到：（1）全球前三十的金融中心，“一带一路”沿线国家只占6席，所在国家只有中

① 国家开发银行史编辑委员会：《国家开发银行史（1994—2012）》，中国金融出版社2013年版。

国、新加坡、阿联酋3国。这与"一带一路"沿线国家占全球GDP的40%很不相称。(2)这些金融中心基本是区域性的金融中心，与第一梯队的伦敦、纽约还有较大差距。(3)更多的"一带一路"沿线国家还缺乏自己的国际金融中心，金融基础设施发展滞后，难以为本国的资本密集型、风险密集型项目提供相应的融资机制。

三　构建"一带一路"融资体系的政策选择

结合"一带一路"建设的特点、风险及融资难点，中国应在继续发挥本国政府支持引导作用的基础上，充分借助"一带一路"沿线国家政府资金并调动国内和国际金融市场的力量，构建与"一带一路"建设需求相匹配的多元化融资体系，破解"一带一路"融资瓶颈。

（一）确立"一带一路"融资体系建设的目标

"一带一路"融资体系的构建需配合"一带一路"建设的关键愿景和行动蓝图，着重实现以下四个方面的主要目标：一是落实重大项目；二是促进企业"走出去"；三是分散并合理控制风险；四是推进人民币国际化。

1. **落实重大项目**

“一带一路”的物质基础性工程包括构建亚欧非大陆及附近海洋的互联互通网络。依凭畅通的海陆交通、通信、能源网络，沿线的经贸产业园区、新亚欧大陆桥、中蒙俄、中国—中亚—西亚、中国—中南半岛、中巴、孟中印缅等国际经济合作走廊才能顺利建设和繁荣。

公路网、铁路网、港口设施、油气管道、跨界桥梁、输电线路、光缆传输系统等基础设施建设项目往往涉及多方利益，建设周期长，生态及社群影响复杂，同时项目资金需求量巨大。这些项目的落地是一个系统工程，需要沿线地区政府积极主动参与设计实施及进行利益协调，也需要充足完备，同时能根据具体环境条件灵活调整的资金支持体系。

当前全球经济复苏缓慢，发达经济体经济政策越来越倾向于保护自身利益，全球经贸开放的进一步发展遭遇明显阻力。在此不利环境下，发展中国家提升国力，将越来越依靠“南南合作”以及区域经贸合作潜力的开发。作为合作基础的互联互通基础设施，有关融资领域的传统金融中介资产负债表受危机冲击及《巴塞尔协议Ⅲ》的约束，明显收缩对这一领域的资金支持。我国应抓住这一时机积极提升对“一带一路”重大项目的融资能力，通过重大项目的落实，稳步推进“一带一路”的总体蓝图落地。

2. **促进中国企业“走出去”**

当前中国经济也面临推动产业全球布局、不断向国际产业链高端攀升的内在要求。中国企业的技术和标准能否参与和引领国际规则的制定，也需要一大批中国企业真正“走出去”与全球企业在全球范围竞争。从区域发展的角度看，“一带一路”沿线国家要素禀赋各异，发展水平不一，与我国产业发展可实现不同层次的互补。发展欧洲和东亚经济圈之间的广大腹地，促进区域共同发展，大力拓展相互投资领域和投资合作是核心要义之一。因此，促进中国企业“走出去”是开展“一带一路”建设的重要抓手，也是其明显的产出成果之一。

在大力推动区域投资贸易自由化和便利化进程的同时，为中国企业“走出去”在本国及东道国提供灵活有效的金融支持是一大关键所在。“一带一路”沿线国家普遍存在填补产业短板，优化产业结构，在全球价值链上延展提升自身地位的切实需求。“一带一路”沿线国家的金融发展水平普遍不高，对外来投资的金融服务能力有限，同时对当地金融机构和金融市场而言，新领域的投资风险相比传统领域通常显得更高，因此跨国投资在初始阶段往往需要来自本国的金融支持或者其他形式的金融保障。

3. 分散并合理控制风险

"一带一路"融资体系建设除了提升融资服务能力和多层次资源对接能力外，以市场化和制度化的手段分散风险以及合理控制风险也是成功实施"一带一路"倡议的重要保障。

微观层面上，建立降低政治风险的机制、提高信息透明度以及融资合作机制的透明度，将有利于控制整体项目风险并扩大合作范围。通过扩大合作范围，一方面，风险得以分散；另一方面，各类机构都能在项目的设计、施工、融资、投资和风险管理等方面发挥各自优势。另外，"一带一路"沿线国家多存在政治、法规和社会风险，金融创新以及培养引入专业服务机构可在分散及降低项目风险中发挥重要作用。

宏观层面上，需要完善对区域金融稳定的制度保障，降低区域汇率风险、利率风险、流动性风险、信用风险及国别风险对投资贸易和融资活动的影响。随着区域合作的纵深发展，"一带一路"沿线国家贸易和金融开放度提升，其国内市场也越加暴露在国际市场的风险之中。国内市场成熟完善需要体制机制的完善以及市场参与者的成熟，这都不能一蹴而就，需要较长时间的学习借鉴及经验积累。这一过程中，国内经济金融体系上的扭曲或者脆弱点，会由于国际市场的反馈而迅速积累，形成重大风险。因此，还要积极推进区域货币稳定体系和信用体系建设，扩大沿线国家双边本币互换、结算的范围和规模，推动本币债券市场的开放和发展，加强金融监管合作，构建区域性金融风险预警系统等。

4. 推进人民币国际化

作为中国目前最高层次的对外经济战略，人民币国际化和“一带一路”倡议在具体实践中具有很强的耦合空间。合理的政策引导及实施策略设计将强化二者相互促进的效果。

人民币国际化旨在降低对外经贸活动的汇率风险，增强我国金融机构的国际竞争力，提升我国的金融安全，加强我国在全球金融治理体系当中的话语权。自2009年推动跨境人民币贸易结算试点以来，人民币国际化已经取得了众所瞩目的进展和成绩，在人民币国际使用显著增长的基础上，人民币于2016年10月1日正式进入SDR篮子。

近期由于人民币汇率所面临的贬值压力、境内外利差缩小等因素，人民币国际化的发展出现短期停滞。

短期人民币国际化进程放缓，并不等同于长期逆转，而更多体现了原来由跨境套利动机支撑的金融活动的收缩。一定程度上，这一收缩过程有利于挤出快速扩张阶段的泡沫，使人民币国际化回归基本面。长期看人民币国际化的实质发展受此类短期因素影响有限。人民币在国际交易中发挥更大的计价、结算和价值贮藏功能，主要还取决于中国政治经济实力、对外经贸关系、经济体制改革与金融市场开放政策等因素。

在中国实施“一带一路”倡议及建设配套融资体系过程中，中国完善的工业门类[①]以及强大的基础设施建设产能，可为人民币国际使用环流的形成提供实体经济保障。另外，当前人民币已经脱离了单边升值预期，短期存在贬值压力，长期看将实现双向波动，这为海外推动人民币债务工具的发展提供了土壤。事实上，在过去几年中，通过进口环节输出人民币成为货币国际化的主要模式，因为在人民币升值预期下，境外主体愿意持有升值的资产，而在贸易环节输出人民币正是让境外主体持有了人民币的资产。未来在人民币贬值预期下，境外主体更愿意持有人民币的负债，因此人民币的对外投资会成为新一阶段货币国际化的

① 中国拥有 39 个工业大类，191 个中类，525 个小类，是全世界唯一拥有联合国产业分类中全部工业门类的国家，从而形成了全球最齐全的工业体系。

重要推动力。总体而言，“一带一路”融资体系建设提供了从基本面夯实人民币国际使用的机会。

（二）通过政府间合作完善顶层设计

“一带一路”作为一项国际倡议，政府间合作机制的建立是成功推进相关建设的必要条件。首先，“一带一路”沿线国家政府需要有真实的合作需求并且与中国政府建立可行的合作框架和合作机制，才能确保中国在这些国家的投资有制度、机制和法律的保障，才能提升相关项目建设的效率并降低风险。其次，“一带一路”的重点项目领域是基础设施建设，从全球经验来看，不论发达国家还是发展中国家，基础设施融资的主要来源是政府财政投入，多边和国别开发性金融的支持能力十分有限，而商业金融机构的支持意愿更是薄弱，这是由基础设施投资周期长、收益偏低所决定的。因此，“一带一路”沿线国家基础设施建设的融资问题，既不能依靠中国政府的独家奉献，也不能完全指望开发性金融机构和国际金融市场提供足够强大的支持，各国政府的财政投入依然是重中之重。事实上，只有在各国政府提供财政支持的情况下，才能够通过 PPP 模式整合公共资金、准公共资金和市场资源，才能够建立可持续的多元化、多层次“一带一路”融资体系。

政府间合作可以有双边、多边和三方合作等多种模式。首先，双边合作是“一带一路”政府间合作的主要模式，因为双边模式的可操作性较强，效率较高。通过双边合作，确定相关的合作框架，完善顶层设计，尤其需要在PPP合作方面明确合作意向，建立合作机制，从而推动有关国家对“一带一路”提供必要的财政支持。其次，利用多边机制促进“一带一路”融资体系建设。目前，国际上存在多个与“一带一路”相关联的多边合作机制，如东盟与中日韩（10+3）、上合组织、金砖国家、APEC等，可以通过多边机制加强“一带一路”融资合作，尤其对于跨境基础设施投资，多边合作框架是不可或缺的。最后，第三方合作可以作为“一带一路”融资体系建设的重要模式。第三方合作是一种特殊的多边合作，是指两个国家在第三国开展市场合作。2000年2月，联合国大会决议首次提出要鼓励第三方合作，要求联合国开发计划署推动发展中国家开展第三方合作，以充分发挥第三方合作潜能。2015年7月，李克强总理访问法国期间，中法签署了第三方市场合作的联合声明，这是中国政府第一次在国际上签署第三方合作协议。在“一带一路”开展第三方合作，特别是推动中国与发达国家开展第三方合作，形成“一带一路”的“北—南—南”合作模式，可以利用发达国家的资金、技术优势和海外投资经验，分散中国的投资风险，并展现出中国在实践“一带一路”倡议上所秉持的开放性姿态。在具体操作上，可以重点推动欧洲各国、日本、韩国、澳大利亚等与中国签订“一带一路”第三方合作协议。

（三）以平台建设与机制创新打造良好投资环境

1. 建立“国际基础设施投资公司”

借鉴中国地方政府投融资平台建设的成功经验，在“一带一路”沿线国家，与当地政府和企业合作设立“国际基础设施投资公司”，在项目建设伊始，就通过整合东道国资源，搭建国际投资平台，形成利益共同体，可以有效降低政治风险、市场风险，还能够强化融资能力。

国际基础设施投资公司的设立和运营，包括以下几方面内容：第一，中资企业与当地政府或者企业（还可以包括其他的外资企业，如发达国家的企业）根据基础设施项目设立“基础设施投资公司”，当地政府或者企业以某种本地优势资源（如土地、矿产资源等）或者资金入股，本着互利共赢、平等合作的原则设立。设立之后，该公司可以向金融机构申请贷款或者使用其他类型的融资工具。第二，可以借鉴中国与新加坡合作推进苏州工业园的管理模式，引入多级政府协调工作机制，能够从政府高层就优惠政策、资源整合等难点问题通过协商机制达成共识，并由执行层落实相关具体工作。第三，在不同地区，建立不同层级的国际基础设施投资公司。在次区域内，由相关国家共同投资设立国际基础设施投资公司，组成次区域开发平台，开展次区域内的跨境基础设施建设项目；对某些单一国家，建立全国性的基础设施投资公司，注入优质资产、赋予优惠政策，以市场化方式开展国内基础设施建设项目。第四，在国家层面条件不成熟的情况下，先与地方政府创立基础设施投资公司，再由地方政府推动中央政府建立全国性基础设施发展公司。

建立国际基础设施投资公司的价值体现在以下三个方面：首先，通过优势资源整合形成的基础设施投资公司，能够提升项目的信用评级并实现多元化的融资模式，银行贷款、企业债券、股权融资等方式均能灵活运用，从而有效降低融资成本，提高融资规模；其次，通过在公司治理结构层面解决与当地政府和企业深入合作的问题，从而降低当地的政治风险和市场风险；最后，可以实现高收益产业（如资源性产业、房地产开发）与低收益基础设施建设项目的结合，化解基础设施项目建设周期长、回报低、融资难的困境，从而提升整体投资收益。

2. 在亚洲基础设施投资银行旗下建立“亚洲金融公司”

亚洲基础设施投资银行（以下简称“亚投行”）在初步运营成功的情况下，可以借鉴世界银行旗下国际金融公司（IFC）的运作经验，建立亚洲金融公司（AFC），实施市场化运作，从而更好地调动国际金融市场资源，并有效推动 PPP 模式的运作，为“一带一路”融资体系建设贡献更大力量。

世界银行旗下的国际金融公司开展贷款、股权融资、结构性融资、贸易融资，并提供风险管理工具和商业咨询，各项业务通常均按照市场价格收取费用。以私募股权投资业务为例。国际金融公司从 20 世纪 80 年代开始进入私募股权基金领域。到目前为止，全球新兴市场私募股权基金的 10% 是由国际金融公司支持的，它向 180 多个 PE 投资了 30 亿美元。

借鉴国际金融公司的经验，亚投行可以设立亚洲金融公司，形成“一带一路”纯市场化融资的新平台。亚洲金融公司的价值体现在以下三个方面：（1）获取市场利润，提高亚投行的运营收益，从而增强亚投行为“一带一路”建设提供资金支持的能力。

作为多边开发性金融机构，亚投行自身毕竟不能把盈利作为最高目标。而通过建立与银行相对分离的亚洲金融公司，则可以理直气壮地进行纯粹的市场化运作。(2) 以 PPP 模式撬动市场资源，放大金融杠杆。作为市场化运作的金融公司，可以更为灵活地参股到各类市场化的私营金融机构当中去，因而更利于推动 PPP 的运作，这也是亚投行自身难以做到的。(3) 符合全球金融监管改革方向，通过将私营部门业务剥离到金融公司，在银行和金融公司之间建立防火墙，将高风险业务约束在金融公司内部，确保亚投行自身的稳健运营。

3. 建立新型"经济特区"

中国经济特区的发展在国际上拥有良好的声誉和示范效应。当代经济增长理论的创建者、现任世界银行首席经济学家保罗·罗默根据香港和深圳的特区发展模式，提出了"宪章城市"理论，它是建设在中、低发展水平国家的"新型经济特区"，制度完全从外部移植，行政的独立性受司法保护，以确保制度的连贯性。"经济特区"可以在维持国家整体制度不变的前提下，快速而显著地提升某一个局部地区的行政治理能力和市场开放程度，形成制度跃迁，并进而推动国内改革，同时对外部投资形成良好的保护。在"一带一路”建设方面，“经济特区”模式具有十分显著的价值。“一带一路”沿线相当一部分国家，法制不够健全，市场监管水平低下，政府治理能力偏弱，中国政府可以与这些国家进行商谈并签订章程，建立特定的法律制度和市场规则，确保项目运作的高效、安全，最大程度规避政治风险和市场风险。尤其对于跨境基础设施投资项目，更适合建立跨境经济特区，在区内实行符合国际高标准的统一治理模式，在一定程度上解决跨境项目运作效率低下的问题。经济特区的设立与建设，还可以引入发达国家共同参与，形成三方合作模式，这不仅有利于借鉴发达国家的治理经验，还可以吸引更多的资金，形成杠杆效应并分散投资风险。

（四）以多元化融资工具调动全球金融资源

1. 债券融资

从融资工具的选择来看，债券融资在“一带一路”融资体系中应占有重要地位。通过建设“一带一路”债券市场，可以吸引全球长期投资者（如主权财富基金、养老金、保险资金等），有效扩大“一带一路”融资规模，解决期限错配，发展亚洲本币债券市场从而推进人民币国际化，还能够在较大程度上缓解中国对外融资过度依赖银行的问题，分散银行体系风险。

推进“一带一路”建设的基本工程在于基础设施建设。受全球金融危机的冲击，曾经主导全球基础设施项目融资的欧洲银行明显收缩了这一领域的贷款，另外《巴塞尔协议Ⅲ》的实施客观上使得银行从事长期贷款的意愿降低，基础设施的债券融资已经成为重要选项。通常以基础设施为抵押的债券相比类似评级的公司债及国债收益率更高，当发生违约时追回资产的可能性也更高。因此，当前低利率甚至负利率环境下，全球市场上长期投资者对基础设施的债券融资表现出了较强的兴趣。

国际上以PPP模式运行的大型基础设施项目的债券融资常常使用项目债的形式。不同于政府债、公司债等以政府信用、公司信用为基础的债券品种，项目债以项目公司为发行主体，对发行方来说可以更加有效地隔离偿付风险，有利于吸引更多的私人部门市场主体与资金。对投资者来说，用特定项目收入和现金流偿债，收益回报更透明和容易预测。不过，项目债在中国起步较晚，配套管理政策和准则有待进一步明确和完善。考虑到“一带一路”建设服务的基础设施项目主要在境外，有关项目债可直接在境外发行，但同时还应鼓励项目债的境内发行并进一步开放这一市场，允许境外投资者参与。这不仅有利于推动国内债券发行规范的国际化，健全风险管控及完善信息披露机制，还有助于推动中国建设国际金融中心。对于中资企业对“一带一路”建设以公司债形式进行的境外融资，则应当采取更有针对性的灵活便利的外债管理政策，为中国企业“走出去”提供更大的融资自由度。

“一带一路”的债券融资建设，还应大力引导推动本币债发行。从借助“一带一路”建设推进人民币国际化的角度来看，以点心债或熊猫债为“一带一路”项目开展人民币融资具有值得期待的市场机会。中国在基础设施装备制造及建设上具有完整的产业链以及丰富的产能，“一带一路”建设过程将带动大量有竞争力的中国企业“走出去”，这些企业的竞争优势将使得东道国考虑接受人民币投资。目前中国企业的海外融资从发行成本考虑仍以美元和欧元为主。“一带一路”建设能直接或间接带动沿线国家与中国的经贸往来、加速人民币与当地货币的直接交易。从这一角度看，即便发行成本上人民币债券不占优势，在节省汇兑成本上可能得到补偿。

2. 资产证券化

积极探索建立“一带一路”资产证券化市场，不仅能够动员更多资金投入“一带一路”沿线国家的基础设施建设和运营，化解银行风险，还可以在此过程中逐步发展人民币计价的资产证券化产品，促进人民币在“一带一路”区域的使用。

虽然当前全球长期投资者对于基础设施领域的投资越来越关注，但投资份额的扩张会是一个逐步开展的过程。由于业务流程及管理经验上的差异，长期投资者的投资偏好与银行有较大差异。特别是在以债券为金融工具的投融资过程中，投资者对于项目本身的参与度很低，财务和业务监管要显著弱于银行对贷款资产的监控，全球长期投资者目前普遍回避绿地性质的投资项目，更加青睐于较熟悉地区比较简单同时收益较明确的项目。考虑到国际长期投资者的这一特点，将运营中的“一带一路”沿线国家基础设施收益权实施证券化是比较容易被国际投资者接受的方式。通过资产证券化，现有存量资产可成为撬动增量投资资金的市场化筹码，再次投入当地基础设施的新建和完善。

这一融资方式需要有关国家政府调整或完善其法律法规以支持业务流程及有关监管框架。另外，由于证券化后的债券产品多数情况下需要在国际市场上面向全球投资者发行，有关国家的外债管理、汇兑政策乃至税收政策都需要调整以适应国际市场需求。中国应与“一带一路”沿线有关国家共同探讨适应本国发展需要的资本账户开放策略及金融监管框架，增强相关政策透明度及对“一带一路”沿线双边乃至多边投资的支持力度。

“一带一路”资产证券化产品，既包括对单一项目未来收益的资产证券化，也包括对“一带一路”银行信贷资产的证券化，后者尤其重要。通过“一带一路”银行信贷资产证券化，将银行的信贷资产转移到资本市场，不仅能够解决银行资金流动性的问题，更重要的是使商业银行不再扮演风险中心的角色，而让那些具有风险偏好的投资者成为风险的真正承担者，有利于在维护银行业稳健运行的同时促进资本市场的繁荣。在推进“一带一路”资产证券化的同时，积极设计以人民币计价的资产证券化产品，将其在离岸人民币金融中心上市交易，从而扩大离岸市场人民币资产池的规模，为离岸人民币提供更多的投资机会，促进人民币国际化。

3. 银行贷款

“一带一路”的银行贷款融资，应积极推动以下两种模式：一是实施联合融资和银团贷款，① 以此调动国际金融资源，分散风险；二是开展人民币对外贷款，

① 联合融资与银团贷款的区别：联合融资的银行各自独立，单独与借款方联络，而银团贷款则是各家银行结成统一体，由牵头行和代理行与借款人联络；联合融资需各家银行分别与借款人签署合同，合同条款各不相同，而银团贷款则是与借款人签署单一合同，各家银行的贷款条件相同。

促进人民币国际化。

在"一带一路"融资体系建设中，亚洲基础设施投资银行和金砖银行等国际金融机构由于其多边性质，发挥作用的空间较大，可为推进"一带一路"项目建设提供重要的投融资载体和金融环境。但这些新兴机构业务能力仍属于起步阶段，且资金实力毕竟十分有限，因此特别需要推动亚投行、金砖银行与其他国际金融机构的合作，以及这些多边开发性金融机构与国别开发性金融机构（如美国进出口银行、日本国际协力银行、德国复兴开发银行、法国开发署等）、商业银行的合作，对"一带一路"重大项目实施联合融资和国际银团贷款。中国自身的开发性金融机构，如国家开发银行、中国进出口银行，也需要大力开展联合融资和银团贷款。联合融资和银团贷款可充分利用不同金融机构的资金与技术专长，降低项目总体风险以及单个机构的资金风险。国际机构的多边性保障以及诸如美国进出口银行、日本国际协力银行、德国复兴开发银行、法国开发署等发达经济体开发性机构的影响力将更有利于投资项目的顺利落地和发展，并降低项目所在国的政治阻力及国际舆论压力。

以国际银团贷款为例，该业务是国际金融市场上最重要的融资方式之一。根据汤姆森财务公司（Thomson Financial）的统计，自 2000 年开始，全球银团贷款规模就已经大大超过债券和股票融资，国际上重大的项目建设、兼并收购几乎无一例外地采用国际银团贷款进行融资。2015 年全年，全球银团贷款额高达 4.7 万亿美元，除了纽约和伦敦两大中心之外，香港是第三大国际银团贷款中心。

通过国际银团贷款提供融资，中国可以引进多样的银团投资者，尤其是以下三类投资者。（1）欧美或香港特别行政区的优质合作方。以香港为例，香港银团贷款业务经过 40 余年的发展已较为成熟，产生了以花旗、汇丰、渣打为代表的牵头行和参与行，其在贷款风险评估、贷款分销、定价、审查等方面形成了一整套完善的制度体系。香港发展国际银团贷款业务在操作上不存在任何制度障碍或技术难题，从而能够为国内金融业“走出去”分担资金压力，尤其是减少或分散商业风险。（2）东道国的当地或者该区域的金融机构，如果东道国的金融机构在其中占有可观的份额比例，也将有助于减少或避免商业风险和政治风险。（3）中国金融业的同业机构，引入这类机构既可以分担资金压力、分散风险，还能够使中国金融业同业机构在“走出去”的过程中形成一致的利益共同体，从而缓解互相恶性竞争的情况。

在此基础上，还可以做更多的制度安排，以确保中国的投资安全。例如，在投资项目破产清算的情况下，对于优先偿还顺序的安排，应将中国银行业机构设置于较为优先的位置，同时把东道国本国机构置于较后的位置，从而使东道国金融机构的利益与中国金融机构的利益绑定，进一步达到减少政治风险、商业风险的效果。

在通过人民币对外贷款促进货币国际化方面，日本的经验值得借鉴。日本在对外日元贷款操作中，大部分都是用于帮助对象国建立与日本经济相衔接的产业，这些产业的大部分机器设备是用日元贷款购买的日本产品，且其生产出来的产品也正是日本厂商所需要的原材料。这一方面能发挥"事先投资"的引水作用，融洽日本与被投资国的关系，增强日本投资者对被投资地区的了解，为后续私人企业的投资和日元商业贷款提供条件和便利，另一方面还能为日本"走出去"企业提供后续金融服务，支持日本企业在被投资地区发展和壮大。另外，在日元国际化的初级阶段，日本政府不仅通过双边渠道直接向外国政府提供日元贷款，而且充分利用世界银行、IMF 等国际金融机构，向其提供日元资本和日元贷款资金，实现了日元的大规模输出和在境外的有效沉淀。

借鉴这一经验，现阶段中国应将"一带一路"建设作为重要抓手，通过人民币对外贷款，促使沿线国家使用人民币购买中国产品，引导更多国家和地区在贸易中使用人民币结算，增加人民币回流渠道，形成产品流、资金流循环互动的良好局面。

4. 离岸人民币“一带一路”投资基金

近年来，中国在国内和国际产业基金发展方面积累了较为丰富的经验，可以将其作为建设“一带一路”多元化融资体系的重要手段。国际上的私募股权投资基金（PE）与中国的产业投资基金有相似之处。事实上，在国际发展融资领域，私募股权投资是得到普遍运用的金融工具。世界银行旗下的国际金融公司、欧洲投资银行和欧洲复兴开发银行都大量运用私募股权投资模式。

在“一带一路”融资体系建设中，值得推进的一种产业基金运作模式是建立离岸人民币“一带一路”投资基金，其可行的一种发起设立方式是，通过财政部在离岸人民币金融中心（如伦敦、中国香港、新加坡等）发行小额专项国债（如 2 亿元人民币）形成引导资金并交给国开行（或亚投行），后者在离岸市场通过市场化股权融资的模式融资离岸人民币（如 8 亿元人民币），发起设立离岸人民币基金并投资于“一带一路”项目，这既是利用 PPP 模式建立国际产业投资基金支持“一带一路”的有效方法，还能够促进离岸人民币的境外使用，从而为人民币国际化做出创新性的贡献。

离岸货币的境外使用是货币国际化取得成功的重要标志。所谓离岸货币的境外使用，是指该货币没有回到货币发行国，而是在境外流通使用。美元的境外使用最具代表性，全球美元交易的70%发生在美国以外地区。从某种意义上讲，货币的境外使用是货币国际化的最高阶段，它意味着该种货币真正成为全球使用的货币。另外，境外使用也是保证货币国际化不会对本国金融市场产生过度冲击的重要机制。以美元为例，离岸美元的总量接近美国国内货币供应量M2的一半。如果缺乏境外使用，大量的离岸美元都要回流美国本土，则可能导致美元汇率和利率的大幅波动。因此，推动离岸人民币的境外使用是人民币国际化的高目标。

离岸货币的境外使用主要依靠国际市场的自发选择，但是，货币发行国也具有一定的能力和必要性来促进离岸货币的境外循环。“一带一路”建设为中国推进离岸人民币的境外使用带来机遇。伴随中国企业对“一带一路”地区投资的增加以及中国产品竞争力的不断增强，会有一些境外建设项目愿意接受人民币投资。如果亚投行（或国开行）在人民币离岸市场发起设立离岸人民币“一带一路”投资基金，既拓展了“一带一路”项目的融资渠道，更促成了离岸人民币的境外使用。由于目前人民币尚未真正实现国际化，短期内“一带一路”地区愿意接受人民币投资的项目还是有限的，因此，离岸人民币“一带一路”投资基金初期的募资规模宜小不宜大，这样可以规避风险，待人民币对外投资机会增加之后，基金可以不断进行后续融资。

财政部每年都在离岸人民币市场（中国香港和伦敦）发行国债（点心债），这些点心债均获得超额认购。财政部完全可以在不额外增加点心债供应的前提下，将其中一小部分作为专项国债发行，所得资金用于“一带一路”投资基金的引导资金，这就形成了强大的PPP宣誓效应，即这一基金是由中国的中央政府大力支持的投资基金。在此引导资金的基础上，国开行（或亚投行）通过市场化方式，在离岸市场以股权融资的方式融得其余资金，可以形成数倍的杠杆（如2亿元国债资金+8亿元离岸市场资金，就形成了5倍的杠杆）。

在进行专项国债发行和股权融资之前，需要设计和甄选愿意接受人民币投资的“一带一路”建设项目。从降低风险，扩大投资规模的角度来看，也可以将该基金设计成人民币和美元的双币种投资基金。此外，该基金还可以在选择合伙人方面充分开展国际合作，例如，可以邀请欧洲复兴开发银行、欧洲投资银行、德国复兴开发银行、英国渣打银行等作为基金的合伙人（作为一般合伙人或者普通合伙人均可以考虑，只要国开行拥有主导权即可），这样可以有效提升融资的便利性和国际影响力。

5. 担保融资

通过多边开发性金融机构为企业融资提供担保，是国际发展融资领域的常用模式。担保业务形成的是金融机构的或有负债，它促进了担保机构和被担保机构（或者企业）的合作，具有分散风险、放大资金杠杆的显著价值。亚投行、金砖银行以及中国出口信用担保公司都可以为"一带一路"建设项目提供传统和新型担保融资业务。

欧洲投资银行于 1994 年成立了欧洲投资基金（EIF），不仅通过传统的担保和反担保支持欧洲中小企业的贷款、融资租赁以及其他偿债义务，同时还为资产证券化产品的发起人提供担保，以帮助它们实现资金来源的多样化。如今，EIF 已经成为欧洲中小企业信用增级的领导者，其多边开发银行的地位和 3A 评级使得与之合作的金融机构能够对其担保的资产采用0的风险权重。世界银行旗下的国际金融公司在国际上开展担保业务，其与中国的兴业银行合作，通过对兴业银行绿色能效贷款提供 50% 的贷款损失担保，促进银行对中国环保产业的支持。

在传统担保领域，亚投行、金砖银行和中国出口信用保险公司可以为参与“一带一路”融资的国内外银行提供贷款担保。其中，特别要鼓励为国外金融机构提供担保，这样就调动了国际金融市场的资金，实现了风险分散化，这在投资风险偏高的“一带一路”融资体系建设中尤为关键。为了防止风险完全转嫁到中方主导的金融机构，在对国外企业和金融机构提供担保时，应尽量使用风险分担机制即借鉴世界银行国际金融公司对中国兴业银行的担保模式，只对部分融资的潜在损失提供担保，而不采取全额担保的模式。在新型担保领域，上述金融机构可以为“一带一路”项目的债券发行和资产证券化提供担保。债券发行和资产证券化最重要的环节之一是信用增级。信用评级较高的多边开发机构和国有担保机构通过担保模式为债券发行和资产证券化提供信用增级，可以为“一带一路”债券与资产证券化市场的建设发挥重要作用。

附录　“一带一路”交通基础设施的融资需求测算

一　测算思路

观察附图 1，笔者发现经济发展水平（单位劳动力 GDP）与基础设施发展水平（WEF 基础设施评分）具有很强的相关性。即使不对这种关系的因果方向进行分析，也可以利用这种相关性，基于经济发展水平对基础设施发展水平进行估测。

因此，基于附图 1，只要对经济增长前景做出合理的评估或假设，我们就可以估算与之相适应的基础设施发展水平。在此，我们的基础设施发展水平测算标准是 WEF 的打分，那么每提高 1 分，我们需要多少相应的资金投入？如果回答了这个问题，我们就可以根据基础设施发展的预计水平，来估算整体基础设施需要的资金投入量。

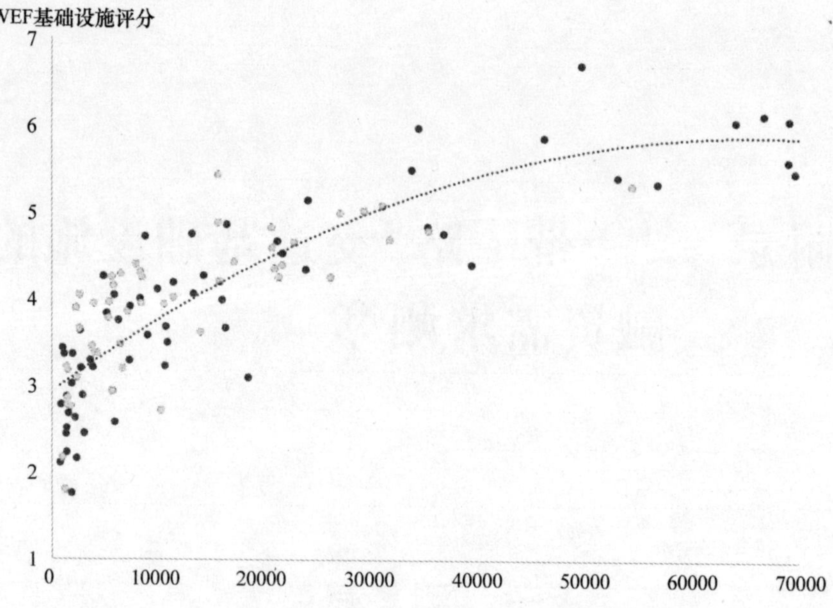

附图1　单位劳动力 GDP 和各国基础设施评分

注：①图中的浅色点代表“一带一路”沿线国家和地区。

②图中全样本为 138 个国家，剔除了缺少数据的样本，同时为了保证分析的稳健性剔除了样本中上、下 5% 的样本（按单位劳动力 GDP 排序）。

③单位劳动力 GDP 为 2015 年数据，单位是 2010 年不变价美元。

④WEF 基础设施评分：达沃斯世界经济论坛每年发布的报告当中，对 138 个国家的各项竞争力都会进行打分，其中就包括了对基础设施及其细项的评分，分值范围为 0—7 分。

资料来源：世界银行 WDI online，2017；《WEF 世界竞争力报告 2016—2017》。

观察附图 2，我们可以发现，在基础设施投入和基础设施发展水平之间存在着一定的统计关系。我们可以利用这一关系来回答上面的问题，从而进一步对预设经济增长情景下的基础设施发展融资需求进行估计。

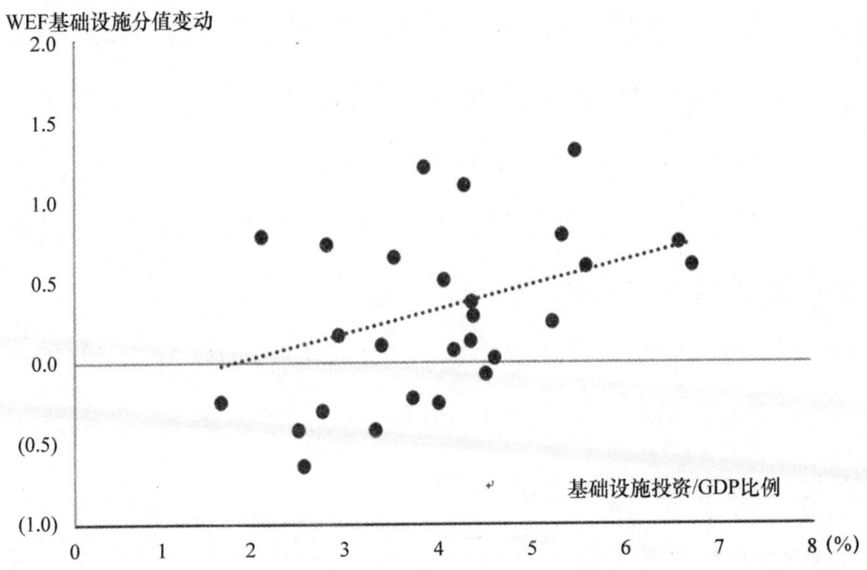

附图 2　基建资金投入与基础设施水平的变化（2007—2013 年）

注：①基础设施数据来自 OECD 国家的基础设施投资数据库，但是只包括铁路、公路、航空基础设施。由于数据缺失严重，所以没有包括水运和海运基础设施。但后者所占比例相当低，通常只有 10% 以下甚至更低。

②横轴的基础设施投资，是指 2007—2013 年，7 年累计的基础设施投资，分母中的 GDP 采用 2007 年，即起点年份的 GDP。分子、分母全部用 2010 年美元来衡量。

③纵轴的 WEF 基础设施评分，我们可以采用相应年份（2007—2013 年）的分值变化，但是考虑到 WEF 报告的滞后性（例如，2017 年年初 WEF 发布 2016—2017 年度报告，但是由于大量数据缺失，只能采用 2015 年的数据进行可比较的研究），所以我们使用 2014 年报告的数值来评估 2013 年的基础设施发展水平。

④我们注意到，样本对应的趋势线，其截距为负。这意味着，如果基础设施方面的投资为 0，基础设施发展水平将出现倒退，这与我们的直觉相符。

二　基础设施投入和基础设施发展水平之间的关系

第一，在 OECD 基础设施数据库中，选取所有国家的铁路、公路、航空基础设施投资数据，原始数据为欧元，将这些数据转化为当年美元口径。数据来源为 OECD（2017），Infrastructure Investment (Indicator)。

第二，根据世界银行的 WDI 数据库，下载上述各国的两类口径 GDP，第一组是以各年现价美元（current USD）计算的 GDP，第二组是以 2010 年不变价美元计算的 GDP。通过这两组数据，得到各国各年度现价美元与不变价美元的换算因子。

第三，使用上述换算因子，将第一步中所有国家的现价美元投资数据，转化成 2010 年不变价美元的投资数据，从而使得不同年份的数据具有可加性。

第四，对各国的每一年三类投资进行加总，然后再对各国 2007—2013 年的数据进行跨年加总。每一个样本国家在 2007—2013 年都有 21 个数据，即 3 类行业（铁路、公路、航空）在 7 年中的数据，如果数据空缺 2 个以及更多就把这个样本剔除掉。

现在样本包括 25 个数据完整的国家，以及 3 个只缺 1 项数据的国家（分别是日本缺少 2013 年的航空基础设施投资数据，匈牙利缺少 2008 年的公路基础设施投资数据，波兰缺少 2011 年的航空基础设施投资数据）。我们使用平均值插值法，补全上述 3 个数据。另外，25 个数据完整的国家是印度、比利时、保加利亚、加拿大、捷克、德国、丹麦、西班牙、芬兰、法国、希腊、克罗地亚、意大利、立陶宛、卢森堡、拉脱维亚、墨西哥、挪威、葡萄牙、俄罗斯、塞尔维亚、斯洛伐克、斯洛文尼亚、瑞典、土耳其。

第五，各国数据加总后，再将其2007—2013年累计投资数，除以2007年（起点年份）的GDP。在此，GDP也是2010年不变价美元表示的，从而保证数据可以相除。GDP数据也来自WDI数据库。这样，我们就得到了2007—2013年累计的基础设施投资金额占2007年GDP的比例。

第六，同时计算各国在2007—2013年基础设施发展水平的变化，各国基础设施发展水平的数据，来自于WEF的年度全球竞争力报告。

第七，将第五步、第六步的数据整合在一起，得到附图2。

第八，为回归分析加入一个虚拟变量：因为高收入国家的基础设施发展水平较高、存量大，因此补偿折旧的投资数量较多。所以高收入国家和其他国家的投资构成有显著的区别。考虑到这一点我们加入虚拟变量Ed，高收入国家赋值为1，其他国家为0。考虑到样本期内，后来的欧洲南部重债国家，在当时的基础设施投资增量较大（用于补偿折旧的投资占比较小），所以更具有非高收入国家的投资特征，因此对其Ed变量赋值为0。在此，高收入国家样本包括比利时、加拿大、捷克、德国、丹麦、芬兰、法国、日本、卢森堡、挪威、波兰、瑞典。

第九，附表1是回归结果。全部使用普通最小二乘法（OLS）进行估计。其中，第1列是基准回归，结果显示：（1）7年的累计投资GDP占比，每提高1个百分点，基础设施可提高约1分。（2）但是，截距项显示，如果投资为0，则基础设施发展评分将下降0.27分，不过截距项并不显著，这可能是由于考虑了高收入国家的虚拟变量，而且样本期为7年，时间较短。此外，截距项目虽然并不显著，但是从预测的意义上，以及从7年以上更长的样本期而言，截距项仍然是有意义的。（3）高收入国家的虚拟变量显示，如果高收入国家在7年间的基础设施投资为0，则基础设施发展水平还将额外下降0.77分。如果再加上共同的截距项，则高收入国家的基础设施发展水平总共将下降1分左右。

附表1　　　　回归结果

	基础设施评分变化：2007—2013年			
	（1）	（2）	（3）	（4）
基础设施投资GDP占比： 2007—2013年除以2007年GDP	10.0043* （1.7510）	14.9726* （1.8525）		

续表

	基础设施评分变化：2007—2013 年			
	（1）	（2）	（3）	（4）
基础设施投资 GDP 占比：2007—2013 年除以 2006 年 GDP			8.7399† （1.6574）	13.9206* （1.8892）
高收入国家虚拟变量：Ed	-0.7712*** （-5.3343）		-0.7672*** （1.1990）	
截距项 c	-0.2684 （-1.0643）	-0.2571 （-0.7720）	-0.2977 （-1.1990）	-0.2454 （-0.7642）
Durbin-Watson stat 检验	2.1955	2.1799	2.2103	2.1987
R^2	0.586847	0.116598	0.582092	0.120708
样本数	28	28	28	28

注：①估计系数下方的数字为 t 统计量。

②*、**、***表示在 10%、5%、1% 统计水平上显著。†：对应 P 值为 10.46%。在 10% 的统计水平上接近显著。

除了第 1 列之外，在第 2 列，我们去掉了高收入国家的虚拟变量，关键的系数（第一行）仍然在 10% 的统计水平上显著。在第 3 列，我们进一步做稳健性检验，将累计投资除以 GDP 的比例当中的 GDP，替换为 2006 年 GDP，结果两项系数仍然保持显著（或者非常接近显著水平），而且所有系数与基准回归的方向都相同，并且数值大小也相差不是很大。在第 3 列的基础上，我们也去掉虚拟变量，结果在第 4 列中，显著回归结果仍然是稳健的。此外，我们还以附图 2 为基础，在样本中去掉个别看起来比较像异常值的数据，在此基础上的回归仍然验证了基准回归式的稳健性。下面的测算，将以第 1 列基准回归结果为基础进行分析。

三 基础设施发展水平和经济发展水平之间的关系

根据附图 1 的数据，我们研究以下两者之间的关系：基础设施水平的变化（dWEF），以及平均每个劳动力的 GDP 水平。半对数形式的回归结果显示如下：

$$dWEF = 0.7587 \times \ln(PL\_GDP) - 2.8910 \quad (1)$$
$$(20.5473) \qquad\qquad (-8.4327)$$

R^2 为 0.785，DW 值为 1.92，同时也通过了异方差检验。

为了得到上式，我们进行了以下数据处理。

第一，从《WEF 全球竞争力报告》当中，获取 118 个样本国家在 2007 年和 2014 年的基础设施竞争力，并做差，得到各国的基础设施水平变化（dWEF）值。

第二，获取各国 2015 年的 GDP 总量，这些 GDP 均以 2010 年美元价格表示，数据直接来自世界银行 WDI 数据库。

第三，同样，从 WDI 获得各国的劳动年龄人口（15—64 岁）比例，然后乘以各国总人口，得到各国劳动年龄人口数量。

第四，将各国 2015 年 GDP（以 2010 年美元表示），除以相应的各国劳动年龄人口数量，得到平均每个劳动力的 GDP。为了简化分析，这里我们忽略了劳动参与率的差异。

第五，得到的回归结果式（1），显示了特定经济发展阶段所对应的基础设施发展水平。

四　估计基础设施建设的资金需求

第一，使用 WDI 的各国总人口数、劳动年龄人口比例，换算出各国的劳动年龄人口绝对数量。再结合 WDI 提供的各国 GDP 总量，得到平均每个劳动年龄人口的 GDP。

第二，计算各国在 2015 年，其平均每个劳动年龄人口 GDP 相对于 2000 年增长了多大幅度。

第三，假设从 2016 年到 2030 年，各国 GDP 增长幅度与前一个 15 年相同（这是我们估测的一个基本假设，将此作为基准情形，从而可以考虑其他情况）。

第四，将"一带一路"沿线各国在 2015 年的劳均 GDP 水平，结合第二步中得到的 15 年劳均 GDP 增幅，得到 2030 年各国劳均 GDP 水平。

第五，基于第四步数据，结合联合国对未来各国劳动年鉴人口数量的预测，得到各国在 2030 年的 GDP 总量预测。联合国的数据来自 United Nations, *World Population Prospects*, the 2015 Revision, Population Division, Department of Economic and Social Affairs, 2015。

第六，基于式（1）的回归结果，使用第五步的 GDP 预测数，可以得到 2030 年各国基础设施的 WEF 评分预测值。

第七，将各国基础设施的 WEF 评分值在 2030 年的水平，减去 2015 年的水平，得到各国 WEF 基础设施评分的变动值。

第八，由于附表 1 中的回归式反映了 2007—2013 年的样本期变化。这段样本期是 7 年，而预测期是 15 年，后者更长。所以需要对附表 1 中基准回归式（第 1 列）的 3 项回归系数进行再处理，得到各项系数在平均每一年中的变化，然后再应用到 15 年的长期预测当中。

第九，将各国在 2016—2030 年的 WEF 基础设施评分变动值，代入到第八步处理完的回归式（以反映年度效应，而不是 7 年度效应）当中，这样就得到了 2016—2030 年为了达到相应的 WEF 基础设施评分提升幅度所需要的累计基础设施投资在 2015 年 GDP 当中的占比。

第十，使用第九步得到的比例，乘以各国在 2015

年的 GDP 规模，得到各国的投资需求。

第十一，第一步到第十步所使用的全部 GDP 相关数据，均以 2010 年美元来表示，我们使用前面得到的各年度美元换算因子，将 2010 年美元换算成 2015 年美元，从而得到最终估计结果。

参考文献

胡怀邦：《开发性金融与“一带一路”建设》，《中国金融》2017 年第 9 期。

胡晓炼：《政策性金融服务“一带一路”的优势》，《中国金融》2017 年第 9 期。

周小川：《共商共建“一带一路”投融资合作体系》，《中国金融》2017 年第 9 期。

Economist Intelligence Unit (EIU), 2015, Prospects and Challenges on China's "One Belt, One Road": A Risk Assessment Report, available at http://www.eiu.com/Handlers/WhitepaperHandler.ashx?fi=One-Belt-One-Road-report-EngVersion.pdf&mode=wp&campaignid=OneBeltOneRoad.

Gallagher, K. P., Kamal, R., Wang, Y. (2016), Fueling Growth and Financing Risk: The Benefits and Risks of China's Development Finance in the Global Energy

Sector, *GEGI Working Paper*, 002 · 05/2016.

Wu, F., Wei, K. D. (2014), From Financial Assets to Financial Statecraft: the case of China and emerging economies of Africa and Latin America, *Journal of Contemporary China*, 23: 89, 781-803.

刘东民，中国社会科学院世界经济与政治研究所国际金融室主任，副研究员，金融学博士。主要研究领域为国际货币体系改革、人民币国际化、多边开发银行、影子银行体系、“一带一路”融资和数字货币等。本科及硕士就读于清华大学自动化系和技术经济与能源系统分析研究所，获工学学士学位和管理学硕士学位，后转学金融，获中国社会科学院财贸经济系金融学博士学位。在《世界经济与政治》《国际经济评论》《财贸经济》等权威与核心期刊发表论文数十篇，出版学术专著5部，2016年获得中国新兴经济体研究会论文三等奖。主持和承担中央及地方政府、金融机构、国家自然科学基金、国家社会科学基金等课题30余项，多项政策建议得到中央和地方政府批复和采纳，是亚洲基础设施投资银行内部咨询专家。

王永中，中国社会科学院世界经济与政治研究所世界能源研究室主任、研究员、经济学博士。研究领域为货币经济、国际投资和能源经济。曾在日本经济研究中心和波士顿大学从事学术访问研究。著有《中国外汇冲销的实践与绩效》、《中国主权财富投资的理论、问题与对策》（合著）和《中国海外投资国家风险评级报告》（合著），在《世界经济》、*China & World Economy*、《经济学动态》、《金融评论》、《国际经济评论》等主流期刊发表学术论文数十篇，主持和参与国家社科基金、部委、地方政府与中央企业委托课题数十项，在外汇储备管理、中国对外投资和“一带一路”倡议等方面的研究产生了一定的学术与政策影响力。

徐奇渊，经济学博士，中国社科院世界经济与政治研究所研究员、经济发展研究室主任、国际金融研究中心副主任。发表学术论文 50 多篇，财经评论 200 多篇，出版专著 5 部，译著 2 部。被教育部和国务院学位委员会授予全国优秀博士学位论文（2011 年），入选 2016 年中组部“万人计划”青年拔尖人才计划。兼任中国世界经济学会常务理事、中国金融 40 人论坛青年论坛召集人、北京大学海上丝路研究院高级研究员、新华社第四批特约观察员。主要研究领域为中国宏观经济政策和国际金融。

李远芳，中国社会科学院世界经济与政治研究所 *China & World Economy*（《中国与世界经济》）编辑，国际金融研究中心秘书长。曾任财政部国际司国际财经问题顾问，阿里研究院顾问，英国皇家国际事务研究所 2015 年度尤利西斯学者，北京大学国家发展研究院中国宏观经济研究中心研究员。2010 年毕业于北京大学中国经济研究中心，获经济学博士学位。主要研究领域为人民币汇率、人民币国际化与开放宏观溢出效应。研究论文公开发表于《金融研究》、《国际政治研究》、《国际经济评论》、*China Economic Journal* 等学术期刊或论著，出版学术译著一部，合著一部。财经评论发表于《财经》、FT 中文网等媒体。

宋爽，中国社会科学院世界经济与政治研究所国际金融室助理研究员。本科、硕士及博士就读于清华大学经济管理学院，于 2016 年获得应用经济学博士学位。进入中国社科院世界经济与政治研究所工作以来，主要从事人民币国际化、多边开发银行、“一带一路“融资、数字货币等方面的研究，先后参与财政部、商务部和外交部的多项课题，曾在《国际经济评论》《欧洲研究》《金融研究》等核心期刊发表文章。